# Kristina Börner

## Augmented Reality als Instrument im Mobile Marketing

### Eignet sich die AR-Technologie langfristig für Marketingzwecke?

**Bibliografische Information der Deutschen Nationalbibliothek:**

Die Deutsche Nationalbibliothek verzeichnet diese Publikation in der Deutschen Nationalbibliografie; detaillierte bibliografische Daten sind im Internet über http://dnb.d-nb.de abrufbar.

**Impressum:**

Copyright © Science Factory 2018

Ein Imprint der Open Publishing GmbH, München

Druck und Bindung: Books on Demand GmbH, Norderstedt, Germany

Covergestaltung: Open Publishing GmbH

# Inhaltsverzeichnis


Abbildungsverzeichnis ........................................................................................... 5

Tabellenverzeichnis .............................................................................................. 7

**1 Einleitung** .......................................................................................................... **8**

1.1 Problemstellung und Zielsetzung der Arbeit .......................................... 10

1.2 Aufbau der Arbeit ...................................................................................... 11

**2 Mobile Marketing als Erfolgsfaktor** ........................................................... **13**

2.1 Definition Mobile Marketing und Abgrenzung ....................................... 15

2.2 Ziele von Mobile Marketing ..................................................................... 16

2.3 Rahmenbedingungen für Mobile Marketing .......................................... 18

2.4 Instrumente des Mobile Marketings ....................................................... 23

**3 Einordnung von Mobile Marketing in den Marketing-Mix** ...................... **33**

3.1 Weiterentwicklung des Marketing-Mix ................................................... 34

3.2 Mobile Marketing als übergreifendes Instrument im Marketing-Mix ........ 39

**4 Das veränderte Mediennutzungsverhalten als Basis für Mobile Marketing** ......... **52**

4.1 Folgen und Auswirkungen der Digitalisierung ........................................ 56

4.2 Bedeutung von Mobile Commerce ........................................................... 65

**5 Augmented Reality als Mittel zur neuartigen Konsumentenansprache** .............. **67**

5.1 Definition und Abgrenzung von Augmented Reality ............................... 69

5.2 Technische Grundlagen von Augmented Reality ..................................... 72

5.3 Merkmale und Besonderheiten von Augmented Reality als Marketinginstrument
.................................................................................................................. 78

**6 Einsatzgebiete und Anwendungsbeispiele von Augmented Reality** .............. **88**

6.1 Branchenübergreifende Nutzenpotentiale .............................................. 90

6.2 Anwendungsbeispiele aus der Praxis ...................................................... 93

**7 Überprüfung der Eignung von Augmented Reality als nachhaltiges Mobile-Marketinginstrument** ............................................................................................ **105**

7.1 STEP-Analyse ............................................................................................................ 105

7.2 SWOT-Analyse .......................................................................................................... 116

7.3 Übertragung der Analyseverfahren auf Augmented Reality ......................... 122

7.4 Bewertung von Augmented Reality als Marketinginstrument ...................... 129

**8 Zusammenfassung und Ausblick** .................................................................... **132**

**Literaturverzeichnis** ................................................................................................ **135**

**Anhang** .......................................................................................................................... **150**

Anhang 1 ......................................................................................................................... 150

Anhang 2 ......................................................................................................................... 151

Anhang 3 ......................................................................................................................... 152

Anhang 4 ......................................................................................................................... 153

Anhang 5 ......................................................................................................................... 153

Anhang 6 ......................................................................................................................... 154

Anhang 7 ......................................................................................................................... 154

Anhang 8 ......................................................................................................................... 155

Anhang 9 ......................................................................................................................... 156

Anhang 10 ....................................................................................................................... 157

Anhang 11 ....................................................................................................................... 157

Anhang 12 ....................................................................................................................... 158

Anhang 13 ....................................................................................................................... 159

Anhang 14 ....................................................................................................................... 160

# Abbildungsverzeichnis


Abbildung 1: Anwendungsbereiche des Mobile Marketings ............................................. 14

Abbildung 2: Einordnung von Mobile Marketing und dessen Klammerfunktion .............. 16

Abbildung 3: Entwicklung des Mobilfunknetzes in Deutschland .................................... 19

Abbildung 4: Übersicht Mobile-Marketinginstrumente ................................................... 24

Abbildung 5: Klassische Website versus Mobile Website am Beispiel Amazon ............... 26

Abbildung 6: Funktionsweise eines QR-Codes ............................................................... 28

Abbildung 7: Entwicklung zum Mobile Marketing .......................................................... 34

Abbildung 8: Instrumentaltypologien ausgewählter Autoren ......................................... 37

Abbildung 9: Die 7 Ps des Dienstleistungsmarketings ................................................... 39

Abbildung 10: Marketing-Mix des Mobile Marketings .................................................... 40

Abbildung 11: Positionierung des ZWOT und Auswirkungen auf die .............................. 43

Abbildung 12: Wahrnehmung mobiler Anzeigen ............................................................ 47

Abbildung 13: Social Media Hierarchy of Needs von John Antonios ............................... 55

Abbildung 14: App Downloads: 180B .............................................................................. 59

Abbildung 15: Klassifikation mobiler Endgeräte ............................................................ 61

Abbildung 16: Allgemeine Endgerätenutzung ................................................................ 63

Abbildung 17: Betriebssysteme und die dazugehörigen Stores ...................................... 65

Abbildung 18 Voraussetzungen für Augmented Reality .................................................. 68

Abbildung 19 Reality-Virtuality (RV)-Continuum ........................................................... 72

Abbildung 20 Vorgehensweise einer AR-Anwendung ..................................................... 78

Abbildung 21: Wirkungs- und Wahrnehmungsbeeinflussung ......................................... 86

Abbildung 22: Anwendungsfelder von Augmented Reality .............................................. 88

Abbildung 23: B2B-Umsätze mit Virtual, Augmented und Mixed Reality ....................... 91

Abbildung 24: Die drei Megatrends aus Sicht von Audi .................................................. 94

Abbildung 25: AR-Anwendung bei Audi als Bedienungshilfe .......................................... 95

Abbildung 26: Pokémon-Hype sorgt für Wirbel auf dem Aktienmarkt ............................ 97

Abbildung 27: Augmented Reality mit der Pokémon Go-App .......................................... 98

Abbildung 28: Augmented Reality mit der IKEA Katalog-App ......................................... 100

Abbildung 29: Augmented Reality mit der LEGO Digital Box .......................................... 102

Abbildung 30: Augmented Reality bei der Analyse.................................................104

Abbildung 31: Komponenten der Makroumwelt......................................................106

Abbildung 32: Die Sinus-Milieus in Deutschland 2015........................................109

Abbildung 33: Digitale Sinus-Milieus 2013............................................................111

Abbildung 34: Stärken-Schwächen-Profil einer Ressourcenanalyse..................122

Abbildung 35: Stärken-Schwächen-Profil einer Ressourcenanalyse..................128

Abbildung 36: SWOT-Analyse zur Bewertung von AR..........................................130

Abbildung 37: Zukünftiger Fokus von Augmented Reality...................................132

Abbildung 38 Dreidimensionales CRM....................................................................150

Abbildung 39 QR-Code-Nutzung in Deutschland 2013 bis 2016.........................151

Abbildung 40 Phasen des Kundenlebenszyklusses................................................152

Abbildung 41 Veränderung der Kommunikationsprozesse...................................153

Abbildung 42 Top 10 Werbeinvestitionen in Mobile-Werbung............................153

Abbildung 43 Markt für herkömmliche Handys bricht ein...................................154

Abbildung 44 Beispiele für mobile Endgeräte........................................................154

Abbildung 45 Zwei Drittel hören Musik auf dem Smartphone.............................155

Abbildung 46 Anbieter von Betriebssystemen für Smartphones.........................156

Abbildung 47 Zeitfresser Pokémon Go....................................................................157

Abbildung 48 Stundenglaseffekt..............................................................................157

Abbildung 49 Junge Menschen arbeiten lieber für nachhaltige Unternehmen.................158

Abbildung 50 Einordnung der strategischen Marketingplanung.........................159

Abbildung 51 Gartner's Hype Cycle für neue Technologien.................................160

# Tabellenverzeichnis


Tabelle 1: Vor- und Nachteile einzelner User-Interfaces ....................................................... 76

Tabelle 2: Augmented Reality in der Kommunikation zum Kunden ................................... 80

Tabelle 3: Analyse der globalen Umwelt ........................................................................... 118

Tabelle 4: Analyse der Abnehmer-/Kundengruppen im relevanten Markt/in Marktsegmenten ...................................................................................................... 119

Tabelle 5: Determinanten der Marktcharakteristika ....................................................... 120

Tabelle 6: Analyse der globalen Umwelt in Bezug auf AR ............................................... 123

Tabelle 7: Analyse der Abnehmer-/Kundengruppen im relevanten Markt/in Marktsegmenten in Bezug auf AR ............................................................................ 125

Tabelle 8: Determinanten der Marktcharakteristika in Bezug auf AR ........................... 126

# 1 Einleitung

Die Digitalisierung führt weltweit zu großen Veränderungen in allen Lebensbereichen. Im Jahr 2016 werden Smartphones und weitere Weareables von einem Großteil der Menschheit bereits als herkömmliche Alltagsgegenstände verwendet. Die Smart-Devices sind zum ständigen Begleiter der Verbraucher avanciert und somit wird auch das Internet vermehrt mobil genutzt. Hasegawa, der Creative Director Japans zweitgrößter Werbeagentur Hakuhodo, beschreibt das Phänomen mit folgendem Zitat: „She will rather forget her underpants than her mobile"[1]. Für die Konsumenten, egal ob männlich oder weiblich, ist es schließlich mittlerweile üblich sieben Tage die Woche vierundzwanzig Stunden erreichbar zu sein, denn die heutige Generation ist „always on".[2] Doch die Produktlebenszyklen werden immer kürzer, da sich auch die Abstände der Innovationen verringern. So scheint es nur eine Frage der Zeit, wann Smartphones und Weareables überholt sind und als „out" gelten. Zahlreiche Prognosen von Trendforschern deuten in naher Zukunft bereits weitere gravierende Veränderungen für die Gesellschaft an. Zeitnah sollen beispielsweise Maschinen in Form von Robotern in Unternehmen omnipräsent sein, wodurch das menschliche Personal langsam gänzlich überflüssig wird. Folglich unterliegen ganze Organisationsstrukturen schwerwiegenden Veränderungen. Die Telekom erstellte dazu 2015 in Zusammenarbeit mit der University of St. Gallen eine Prognose zu bevorstehenden Veränderungen innerhalb der Arbeitswelt. Der Report trägt den Titel: „Arbeit 4.0: Megatrends digitaler Arbeit der Zukunft – 25 Thesen"[3] und fasst die einflussreichsten technologischen Revolutionen der Zukunft zusammen. Demnach befindet sich die Gesellschaft 2016 kurz vor der vierten industriellen Revolution, in der cyber-physische Systeme zum Einsatz kommen werden. Die Arbeitswelt wird noch verstärkter durch Netzwerke geprägt sein und es kommt vermehrt zu Projektarbeit, da die Expertise von externen, weltweit agierenden Fachleuten zunehmend gefragt ist.[4] Doch auch bei den Konsumenten führt die ständige Vernetzung zu anderen Verhaltensweisen. Durch den „Informations-Overload" werden Botschaften bewusst gefiltert und ein Großteil des Contents, der nicht genügend Aufmerksamkeit bei den Rezipienten

---

[1]  Tomczak/Kruthoff (2003), [Stand 07.12.2016]
[2]  Vgl. Kreutzer (2014), S. 321f.
[3]  Telekom-Report (2015), [Stand 07.12.2016]
[4]  Vgl. Telekom-Report (2015), [Stand 07.12.2016]

erzeugt, geht vollständig verloren. Darüber hinaus werden die Verbraucher in Zeiten von BigData zum gläsernen Menschen befördert und aussagekräftiges Datenmaterial gilt als das neue „Öl" im Bereich des Marketings. Die gesteigerte Intensität der Nutzung mobiler Endgeräte seitens der Verbraucher lässt für Unternehmen nämlich wertvolle Synergieeffekte entstehen – denn gerade weil die Konsumenten jederzeit erreichbar sind, können sie schließlich auch genau aus diesem Grund uneingeschränkt „überwacht" werden. Dabei hinterlassen ihre digitalen Fingerabdrücke aus Unternehmenssicht wertvolle Spuren, die konsequent verarbeitet werden, um dann gewinnbringende Maßnahmen daraus abzuleiten. Das renommierte Marketing- und Marktforschungsunternehmen Kantar Millward Brown stellt in seinem Report jährlich die 100 wertvollsten Marken der Welt vor. Es scheint kein Zufall, dass sich unter den Top Ten der aufgeführten Global Player insbesondere Softwarehersteller, Internethändler, Online-Dienstleister und Hardwareentwickler befinden. Nicht die Zukunft ist digital, sondern die Gegenwart ist es also längst. Den Ergebnissen des Reports zufolge steht Google mit einem Markenwert von etwas mehr als 229 Milliarden US-Dollar auf Platz eins des Rankings, gefolgt von Apple (228 Milliarden US-Dollar) und Microsoft (121 Milliarden US-Dollar).[5] Die Online-Affinität der Unternehmen und deren Markenwerte unterstreichen einmal mehr das Potential der digitalen Branchen. In Summe führen genannte Aspekte auch aus Marketingsicht zu nachhaltigen Veränderungen. Konventionelle Marketingmaßnamen sind aufgrund der technologischen Möglichkeiten und dem daraus resultierenden geänderten Mediennutzungsverhalten nicht mehr zielführend. Neue, progressive Medien bieten weitere Dimensionen innerhalb der Zielgruppenansprache und generieren eine größere Aufmerksamkeit sowie ein höheres Involvement. Dementsprechend sind die klassischen Marketinginstrumente zu modifizieren und den geänderten Bedürfnissen und Erwartungen der Verbraucher anzupassen. Stetig steigende Ansprüche der Konsumenten erschweren dies zudem. Mittels Social Media-Plattformen wie Facebook, das laut der oben genannten Studie das fünft wertvollste Unternehmen weltweit ist, sind die potentiellen Käufer nämlich jederzeit bestens informiert. Durch Erfahrungsberichte anderer User wird die traditionelle Customer Journey der multisensualen Abnehmer kontinuierlich komplexer und erfordert oft die maximale Transparenz von den Unternehmen. Nur wer an den gängigen Touchpoints der

---

[5]    Vgl. Millward Brown: Brandz-Report (2016), [Stand 08.06.2016]

Zielgruppe rundum überzeugt kann sich langfristig als Marke im Gedächtnis der Kunden manifestieren.

## 1.1 Problemstellung und Zielsetzung der Arbeit

Wie bereits in der Einleitung beschrieben, führt die Digitalisierung auch im Marketingbereich zu bedeutenden Veränderungen. Unternehmen stehen vor der Herausforderung die neuen Medienkanäle in den bestehenden Marketing-Mix zu integrieren, um eine zeitgemäße Ansprache, die den Bedürfnissen der Konsumenten entspricht, gewährleisten zu können. Die Schwierigkeit besteht vor allem in der nahtlosen Implementierung der mobilen Maßnahmen in den Mix der bestehenden Instrumente. MICHAEL HARTWIG, Geschäftsführer der Performance-Agentur Eprofessional GmbH, sieht genau darin die größte Problematik: „Nach wie vor beißt sich die Branche an der mobilen Werbeansprache die Zähne aus. Neben den technischen Hürden mangelt es vor allem auch an nutzenorientierten, kreativen Kampagnen, die den Verbraucher auf dem privatesten seiner Devices begeistern, statt zu stören"[6]. Hinzu kommt die Bewältigung der Datenflut. Der mobile Trend im Marketing wird also durchaus kontrovers diskutiert. Einerseits erhält die Kundenansprache mittels der Eigenschaften des Mobile Marketings wie Personalisierung, Lokalisierung, Emotionalisierung, Ubiquität und Interaktivität ein neues Niveau. Andererseits bestehen weiterhin viele kritische Fragen insbesondere hinsichtlich des Datenschutzes. Aspekte wie der Verlust der Privatsphäre, der Missbrauch von Kundendaten oder Spamming betrachten Kritiker dabei als nicht unwesentlich.[7] Zielsetzung der vorliegenden Thesis zum Thema „Augmented Reality als Instrument des Mobile Marketings – Hype oder nachhaltiges Marketinginstrument?" lässt sich bereits aus der Fragestellung ableiten. Mobile Marketing ist nach dem Online-Marketing ein weiterer Schritt im Bereich des One-to-One-Marketings. Aufgrund der Dynamik im Onlinezeitalter bestehen bereits eine Vielzahl an mobilen Instrumenten, so auch Augmented Reality (AR). Während andere mobile Tools in der Praxis weit verbreitet sind, ist AR dagegen noch ein zurückhaltendes Instrument, das bisher noch nicht von vielen Unternehmen eingesetzt wird. Massentauglich wurde die neuartige Technologie erstmals im Sommer 2016 mit der Markteinführung des Unterhaltungsspiels Pokémon Go von Ninten-

---

[6]    absatzwirtschaft.de (2014), [Stand 20.08.2014]

[7]    Vgl. Tomczak/Kruthoff (2003), [Stand 07.12.2016]

do. Auf Grundlage der technischen und rechtlichen Rahmenbedingungen sowie der Nutzerakzeptanz neuer Medien soll diese Arbeit schrittweise analysieren, ob sich AR langfristig als Instrument des Mobile Marketing-Mix durchsetzen wird oder nicht.

## 1.2 Aufbau der Arbeit

Die vorliegende Arbeit kann grob in drei Teile gegliedert werden, die Einleitung, den Hauptteil und den Schluss. Das Kapitel eins mit der Einleitung wird um die Erläuterung der Problemstellung sowie die Zielsetzung ergänzt. Der Hauptteil kann inhaltlich noch einmal in zwei Elemente differenziert werden. In den Kapiteln zwei bis vier werden grundsätzliche Daten und Fakten zum Mobile Marketing aufgezeigt. Im Kapitel zwei wird Mobile Marketing zunächst definiert und es werden Ziele, Rahmenbedingungen sowie bestehende Instrumente präzisiert. Im dritten Kapitel geht es um die grundsätzliche Entwicklung des Marketing-Mix und letztendlich um die Einordnung von Mobile Marketing in diesen. Dabei wird die Weiterentwicklung des Marketing-Mix von vier auf sieben Ps thematisiert. Darüber hinaus folgt dann die Einordnung von Mobile Marketing in den klassischen Marketing-Mix bestehend aus den vier Ps Kommunikationspolitik, Produktpolitik, Preispolitik und Distributionspolitik. Die Klassifizierung verdeutlicht, dass mobile Maßnahmen zwar Instrumente übergreifend verwendet werden können, sie jedoch primär in der Kommunikationspolitik zum Einsatz kommen. Nach der erfolgreichen Einstufung von Mobile-Marketinginstrumenten beinhaltet das vierte Kapitel die Veränderung des Mediennutzungsverhaltens seitens der Konsumenten sowie auch deren verändertes Kaufverhalten. Dieses umfasst die inflationäre Smartphone-Nutzung sowie -Verbreitung und verdeutlicht zudem die zunehmende Bedeutung des Mobile Commerce (M-Commerce). In der zweiten Komponente des Hauptteils folgt in Kapitel fünf die Begriffserklärung von Augmented Reality. Dabei werden die Merkmale und Besonderheiten der Technologie aufgegriffen, insbesondere im Hinblick auf die Interaktion zwischen Sender und Empfänger, der crossmedialen Vernetzung sowie der individuellen Konsumentenansprache. Nach der Definition und Abgrenzung von AR in Kapitel fünf impliziert das sechste Kapitel vornehmlich die Anwendungsbereiche von AR in der Praxis. Zunächst werden branchenübergreifende Nutzenpotentiale dargelegt und im Anschluss daran erfolgt die Nennung von konkreten Beispielen aus der Praxis bei denen AR bereits von namhaften Unternehmen angewendet wurde. Dazu gehören etwa der Automobilhersteller Audi, Videospiele und Spiel-konsolenhersteller Nintendo,

Möbelhersteller IKEA, Spielzeughersteller LEGO oder der Fernsehsender Sky. Im sich anschließenden siebten Kapitel erfolgt dann die eigentliche Analyse der AR-Technologie zum Abschluss der Hauptpassage der Arbeit. Mittels den beiden Analyseverfahren STEP- und SWOT-Analyse wird die Technologie umfänglich durchleuchtet. Die STEP-Analyse beinhaltet die vier Bereiche soziokulturelle, technologische, ökologische sowie politisch-rechtliche Einflussfaktoren. Durch die SWOT-Analyse werden die Aspekte dann in externe Chancen und Risiken sowie in interne Stärken und Schwächen aufgeteilt. Hier gilt es zu beachten, dass die SWOT-Analyse eigentlich vornehmlich Unternehmen zur Anwendung dient. Innerhalb dieser Arbeit wird jedoch davon losgelöst versucht, die AR-Technologie als solches mit diesem Analyseverfahren zu bewerten. Die abschließende Beurteilung soll schließlich dazu führen, die Frage der vorliegende These zu klären: Ist Augmented Reality als langfristiges, ernstzunehmendes Marketinginstrument zu betrachten, oder handelt es sich doch lediglich um einen Hype? Der dritte und letzte Teil der Thesis besteht abschließend aus dem Fazit, in dem auch zeitgleich ein kurzer Ausblick gegeben wird wie die Marketingentwicklung und der Einsatz von AR in naher Zukunft aussehen könnte.

## 2 Mobile Marketing als Erfolgsfaktor

Die stark steigende Anzahl internetfähiger Endgeräte in Form von Smartphones, Laptops, Tablet-PCs, Smartwatches und Wearables ist wegweisend für die Entwicklung des Mobile Marketings. Doch nicht nur die weltweit inflationäre Verbreitung von Mobiltelefonen unterstreicht das Potential, sondern auch der Fakt, dass die Konsumenten das Endgerät tagtäglich überall mit hinnehmen. Das Mobiltelefon ist zum ständigen Begleiter der Menschen avanciert.[8] Insgesamt lassen sich die Treiber des Mobile Marketings also in folgende drei Aspekte unterteilen: die steigende Zahl mobiler Endgeräte, der zunehmende mobile Zugriff auf Online-Angebote und Konsumenten der Generation Handy bzw. Smartphone, die sieben Tage vierundzwanzig Stunden erreichbar und somit „always on" sind.[9] Für Unternehmen entsteht dadurch ein immer bedeutungsvollerer Zugangskanal für ganz verschiedene Zielgruppen. Zudem ist das Smartphone ein sehr persönliches Device, das in der Regel mit niemandem geteilt wird. Dadurch, dass physikalische Objekte wie Autoschlüssel, Reisepass oder Geldbörse mittlerweile durch mobile Anwendungen sukzessive substituiert werden, wird das Smartphone gar zum Smart Service Terminal. Online- und Offline-Welt werden so miteinander verknüpft und über das mobile Endgerät gesteuert.[10] Der Trend, der von KREUTZER als „wertschöpfungsübergreifende Digitalisierung"[11] bezeichnet wird, schreitet weiter voran. Neben Daten und Prozessen stehen auch immer mehr Produkte mobil zur Verfügung, die mehr und mehr ihre „Körperlichkeit" verlieren. Dieses Phänomen wird als Zero Gravity Thinking, zu Deutsch „Null Schwerkraft", betitelt. Produkte werden aus der realen Welt in den Cyberspace übertragen und verlieren so ihre physikalische Limitiertheit. Des Weiteren entstehen somit große Veränderungen innerhalb der Distributionspolitik, da der Produkttransport über klassische Vertriebswege entfällt.[12] Aufgrund der genannten Hintergründe sind Unternehmen gut beraten, sich mit Mobile Marketing auseinanderzusetzen. Schließlich ist davon auszugehen, dass ein Großteil der Kommunikation in der Zukunft mobil vonstatten geht.[13] Unternehmen können Mobile Marketing dazu auf verschiedene

---

[8]   Vgl. Meyer (2014), S. 16

[9]   Vgl. Kreutzer (2014), S. 321f.

[10]   Vgl. Kreutzer (2014), S. 323

[11]   Kreutzer (2014), S. 324

[12]   Vgl. Kreutzer (2014), S. 324

[13]   Vgl. Kreutzer (2014), S. 324

Arten nutzen. Besonders im Bereich des Kundenbeziehungsmanagements weist Mobile Marketing ein nicht zu unterschätzendes Potential auf. Dreidimensionales Customer-Relationship-Management (CRM) ermöglicht mittlerweile den Aufbau einer zeitlichen, räumlichen und inhaltlichen Nähe der werblichen Einflussnahme, wodurch sich die Relevanz der Botschaft für den Empfänger stark erhöht (siehe Abbildung a1 im Anhang).[14] Kostspielige Streuverluste werden durch die individualisierte Ansprache somit gleichzeitig reduziert. Durch die Fokussierung auf den Konsumenten als Einzelperson passt sich das Mobile Marketing dem gesellschaftlichen Trend zur Ich-Bezogenheit an. Kein Medium dient daher einer direkteren, gezielteren und persönlicheren Ansprache als das Mobiltelefon oder Smartphone.[15] Die folgende Abbildung 1 zeigt die unterschiedlichen Anwendungsbereiche des Mobile Marketings für Unternehmen auf:

Abbildung 1: Anwendungsbereiche des Mobile Marketings[16]

Wie aus der Abbildung 1 hervorgeht, lassen sich die Anwendungsbereiche insgesamt in vier unterschiedliche Punkte unterteilen: die mobile Übermittlung von Informationen, die mobile Gewinnung von Informationen, der mobile Verkauf und

---

[14]    Vgl. Kreutzer (2014), S. 14

[15]    Vgl. Meyer (2014), S. 16

[16]    Vgl. Eigene Darstellung in Anlehnung an Kreutzer (2014), S. 327

die mobile Auslieferung von Produkten und Dienstleistungen sowie der mobile Verkauf von realen Produkten und Dienstleistungen.[17]

## 2.1 Definition Mobile Marketing und Abgrenzung

In der Fachliteratur wird der Begriff Mobile Marketing häufig in Verbindung mit Mobile Business und Mobile Commerce verwendet. Mobile Marketing kann als Teilmenge von Mobile Business und Mobile Commerce angesehen werden. Während beim Mobile Commerce der Transaktionsprozess im Vordergrund steht, forciert Mobile Marketing dagegen den Kommunikations- und Informationsprozess.[18] MEYER definiert Mobile Marketing als „die zielgerichtete und systematische Planung, Implementierung und Kontrolle von Marketingaktivitäten, bei der Nutzung von Technologien zur kabellosen Datenübertragung auf mobile Endgeräte [...]."[19] Mobile Marketing beinhaltet also die Kommunikation und Vermarktung von Produkten, Services oder Dienstleistungen an Zielpersonen oder Zielgruppen über mobile Endgeräte.[20] Die folgende Abbildung 2 verdeutlicht zudem, dass Mobile Marketing ebenso als Schnittstelle zwischen der realen und der virtuellen Welt angesehen werden kann. Die klassischen Marketingmaßnahmen sind auf den Bereich „instore" und „out of store" begrenzt. Der Einsatz von klassischen Medien wie TV, Radio oder Plakaten bietet den Konsumenten wenig interaktive Möglichkeiten zur Response, da der Kommunikationsfluss einseitig ist.[21] Online Marketing dagegen erreicht die Konsumenten auch zu Hause, „inhome", im privaten Umfeld. Zudem entsteht eine Dialogkommunikation, weil die Konsumenten in Communitys oder auf Social-Media-Plattformen auf die Werbung reagieren können.

---

[17]  Vgl. Kreutzer (2014), S. 327
[18]  Vgl. Meyer (2014), S. 20
[19]  Meyer (2014), S. 20
[20]  Vgl. Meyer (2014), S. 20
[21]  Vgl. Meyer (2014), S. 20

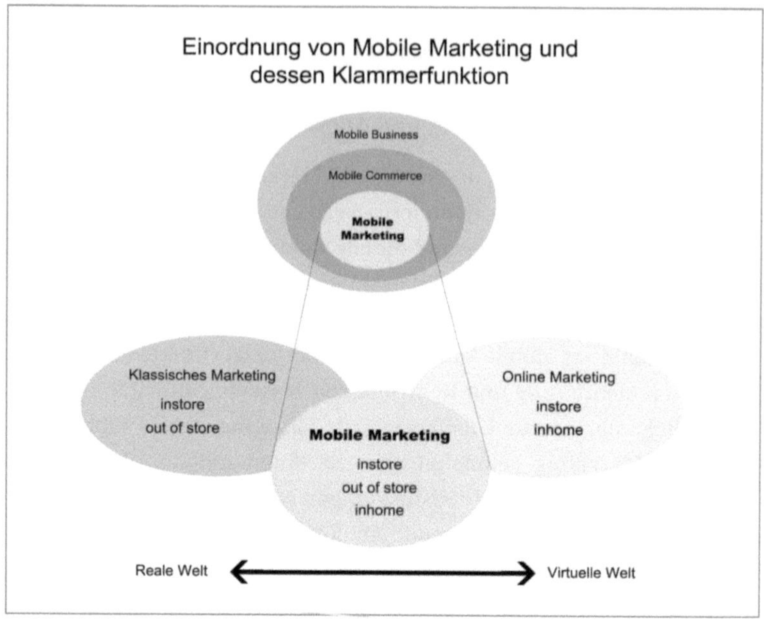


Abbildung 2: Einordnung von Mobile Marketing und dessen Klammerfunktion[22]

Durch das Mobile Marketing können fortan beide Bereiche noch effizienter miteinander verknüpft werden. Es kann somit als Bindeglied mit „Klammerfunktion" betrachtet werden, das sämtliche Kanäle zur Nutzung für Kommunikations- und Informationsprozesse crossmedial miteinander verzahnt. Mittels dieser direkten und individuellen Kundenansprache erhält die Kundenorientierung durch das Mobile Marketing ein neues Niveau.

## 2.2 Ziele von Mobile Marketing

Die Ziele des Mobile Marketings müssen, genau wie die allgemeinen Marketingziele, in „den Gesamtkontext der Unternehmung und der Unternehmensziele integriert werden".[23] Das übergeordnete Ziel von Mobile Marketing stellt die langfristige Befriedigung von Konsumentenbedürfnissen dar, um über die mobilen Kanäle den Kundennutzen zu erhöhen. Dabei kann Mobile Marketing sowohl im Geschäftskundenbereich (B2B) als auch im Konsumgüterbereich (B2C) zum Ein-

---

[22]   Vgl. Eigene Darstellung in Anlehnung an Meyer (2014), S. 19f.

[23]   Bauer u.a. (2008), S. 169

16

satz kommen.[24] Branchenkenner bezeichnen Mobile Marketing als neueste Form des Dialogmarketings. Wo andere Instrumente des herkömmlichen Medien-Mix limitiert sind, setzt das mobile Instrument an. So kann es durch Mobile Marketing etwa gelingen, eine maximale Reichweite zu generieren und trotzdem gleichzeitig teure Streuverluste zu minimieren.[25] Besonders in immer wettbewerbsintensiveren Märkten steht zudem die Kundenzufriedenheit einmal mehr im Fokus der Unternehmen. Nur zufriedene Kunden dienen als Multiplikator und schaffen eine weiträumige Akzeptanz. Darüber hinaus entsteht die begehrte Kundentreue ebenfalls nur dann, wenn Produkt oder Dienstleistung und Service rundum zufriedenstellend sind. Und die Erwartungen der hybriden Konsumenten sind groß. Um diese Erwartungshaltung voll umfänglich zu erfüllen, kann die Möglichkeit der personalisierten Ansprache im Bereich Mobile sehr positive Auswirkungen auf das Kaufverhalten haben. Die Ziele des Werbetreibenden decken sich nahezu mit den allgemeinen Marketingzielen. Umsatzsteigerung, Steigerung der Brand Awareness sowie die Generierung neuer Adressdaten sind Kernelemente.[26] Zudem sind die Erschließung neuer Absatzkanäle sowie die Werbeerfolgskontrolle relevant – auch wenn es sich dabei meistens eher um sekundäre Ziele handelt.[27] Die Ergebnisse einer Befragung verdeutlichen die Gewichtung der Einzelziele: für 80 Prozent der Unternehmen steht der Abverkauf im Fokus, 66 Prozent dagegen forcieren die Steigerung der Markenbekanntheit und 53 Prozent streben eine Erhöhung der Kundenloyalität an.[28] Um die genannten Ziele zu erreichen ist es auch hier unerlässlich, das Bestreben klar und eindeutig zu definieren. Dieser Aspekt ist vor allem im Hinblick auf die Erfolgsmessung essentiell. Aus der konkreten Zielvorgabe ergeben sich dann schließlich die genauen Maßnahmen, die zielführend erscheinen. Auch dabei gilt, dass mit einer einzelnen Maßnahme kaum alle Ziele erreicht werden können.[29] Cross-Media-Aktivitäten dagegen begünstigen die Wirkung und Zielerreichung. Befragte Unternehmen bei denen Mobile Marketing bereits ein fester Bestandteil des Marketing-Mix ist bestätigen zudem, dass die Art der Kommunikation vor allem Unterhaltung bieten muss. Der allseits bekann-

---

[24]  Vgl. Holland (2014), S. 438

[25]  Vgl. Schneider (2015), S. 34

[26]  Vgl. Steimel u.a. (2008), S. 66

[27]  Vgl. Holland (2014), S. 437

[28]  Vgl. Steimel u.a. (2008), S. 67

[29]  Vgl. Steimel u.a. (2008), S. 66

te Claim des deutschen Privatsenders ProSieben „We love to entertain you" dient quasi als Merksatz zur wirkungsvollen Gestaltung der via Mobile übermittelten Botschaft.[30] Doch auch das Nutzenargument ist aus Konsumentensicht ein nicht zu vernachlässigender Faktor. Ist dem Empfänger der Botschaft direkt der Nutzen einleuchtend, steigert das seine Bereitschaft zur Informationsaufnahme. Auch HOLLAND sieht darin den entscheidenden Erfolgsfaktor für Mobile-Marketing: „Generell gilt, dass M-Marketing nur erfolgreich sein kann, wenn es einen Mehrwert für Konsumenten bietet und bedürfnisrelevante Inhalte vermittelt.[31]

## 2.3 Rahmenbedingungen für Mobile Marketing

Die Rahmenbedingungen für Mobile Marketing sind vielfältig. In diesem Kapitel wird insbesondere auf die technischen und die rechtlichen Rahmenbedingungen eingegangen. Genau genommen stellen aber auch die Smartphone-Verbreitung sowie -Nutzung wichtige Aspekte dar. Diese Punkte werden jedoch im Verlauf der Arbeit in Kapitel vier im Zusammenhang mit dem sich ändernden Mediennutzungsverhalten der Konsumenten noch ausführlich thematisiert.

### 2.3.1 Technische Rahmenbedingungen

Die Entwicklung des Mobile Marketings basiert insbesondere auf der technischen Entwicklung der Mobilfunknetze sowie der mobilen Endgeräte. In diesem Zusammenhang wird innerhalb der Evolutionsstufen von verschiedenen „Generationen von Mobilfunksystemen" sowie unterschiedlichen „Netzstandards" gesprochen. Im Jahr 2016 ist mittlerweile die vierte Generation erreicht und an der fünften wird bereits intensiv gearbeitet.

---

[30]  Vgl. Steimel u.a. (2008), S. 67
[31]  Holland (2014), S. 436

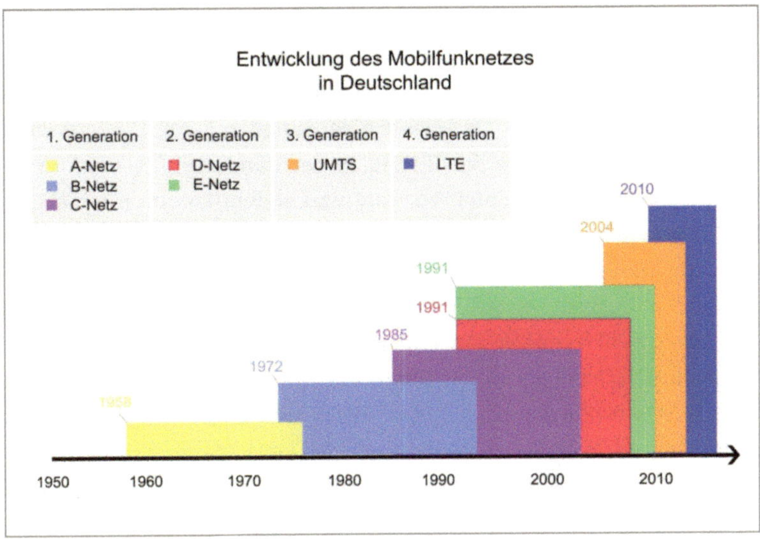


Abbildung 3: Entwicklung des Mobilfunknetzes in Deutschland[32]

Die Abbildung 3 veranschaulicht die Entwicklung des Mobilfunknetzes in Deutschland von 1958 bis 2010. Auffällig ist, dass die Entwicklungszyklen immer kürzer werden. Während sich die erste Mobilfunkgeneration noch über fast 50 Jahre erstreckte, waren es bei der zweiten Generation nur noch knapp zehn Jahre und bei der dritten sogar nur noch fünf Jahre. Die technologischen Fortschritte erfolgen also in immer kürzer werdenden Abständen, was die Mobilfunkentwicklung insgesamt rasant vorantreibt.

**Die erste Generation (1G)**

Die Einrichtung des ersten analogen Mobilfunknetzes, des sogenannten A-Netzes, wird als ein Meilenstein in der Mobilfunkgeschichte bewertet. Später folgten das B- und C-Netz. Alle drei Netze (A, B und C) werden gemeinsam als Mobilfunk der ersten Generation (1G) bezeichnet (siehe Abbildung 3).[33] Die Deutsche Bundespost bündelte 1958 alle bis dato existierenden Funknetze zum so genannten „Öffentlichen, bewegten Landfunknetz" (öBL). Dieses A-Netz war Ende der 50er Jahre das größte öffentliche Mobilfunknetz der Welt und die Flächenabdeckung in Deutschland lag bei knapp 80 Prozent. Trotzdem hatte diese Kommunikations-

---

32   Vgl. Eigene Darstellung in Anlehnung an lte-anbieter.info (2016), [Zugriff 10.08.2016]
33   Vgl. informationszentrum-mobilfunk.de (2014a), [Zugriff 09.08.2016]

technik insgesamt nur wenige Nutzer, da sie zu diesem Zeitpunkt mit vergleichsweise sehr hohen Kosten verbunden war. So betrugen die Anschaffungskosten für ein Mobilfunkgerät zwischen 8.000 und 15.000 Deutsche Mark (DM), der Preis für einen fabrikneuen VW-Käfer dagegen lag bei lediglich 5.000 DM. Auf das A-Netz folgte Anfang der 70er Jahre das B-Netz. In der Bundesrepublik gab es nun 150 Zonen mit jeweils einer eigenen Vorwahl und zudem konnte erstmals auch ins Ausland telefoniert werden. Der Mobilfunk war nach wie vor exklusiv, es gab jedoch bereits deutlich mehr Teilnehmer als noch im A-Netz. Das letzte Netz der ersten Generation war schließlich das C-Netz, welches 1985 eingeführt wurde und auf einer Funkfrequenz von 450 Megahertz sendete. Während die Sprache weiterhin mittels analoger Funktechnik übertragen wurde, waren die Vermittlungs- und Steuerinformationen fortan digital. Damit war das C-Netz das erste, zumindest teilweise, digitale Mobilfunknetz in Deutschland. Mit dem C-Netz wurde auch der schrittweise Übergang vom reinen Autotelefon zum tragbaren Mobiltelefon eingeläutet, wobei die Endgeräte zu diesem Zeitpunkt immer noch deutlich größer und schwerer waren als die heutigen. Dadurch, dass in dieser Entwicklungsperiode die Kosten für die Bereitstellung von 120 DM auf 19 DM sanken, hatte das C-Netz teilweise über 800.000 Nutzer. Mit der Jahrtausendwende wurde die Bereitstellung des C-Netzes eingestellt, da bereits ab der 90er Jahre die zweite Generation mit den D- und E-Netzen folgte.[34]

**Die zweite Generation (2G)**

Die Technologie „Global System for Communication" (GSM) läutete endgültig das digitale Zeitalter in der Kommunikation ein. Anfang der 90er Jahre begann die zweite Generation (2G) mit der fast zeitgleichen Inbetriebnahme des D- und E-Netzes. Das D-Netz startete 1992 als Nachfolger des C-Netzes. Die Sendefrequenz lag nun schon bei 900 Megahertz und es handelte sich um ein voll digitalisiertes Funknetz. Es basierte auf dem GMS-Standard und die mobile Kommunikation wurde erstmals für eine breite Bevölkerung nutzbar. Durch die steigende Nachfrage sanken die Preise und die immer handlicher werdenden Endgeräte erhielten die Betitelung „Handy".[35] 1994 startete schließlich das E-Netz, das nun Frequenzen von 1.710 bis 1.880 MHz nutzte. GMS ermöglichte den Netzteilnehmern neben der Sprachübermittlung auch weitere Datendienste wie SMS oder Fax und

---

[34]  Vgl. informationszentrum-mobilfunk.de (2014a), [Zugriff 09.08.2016]
[35]  Vgl. informationszentrum-mobilfunk.de (2014b), [Zugriff 09.08.2016]

Notebook-PC-Anbindungen. Durch die Weiterentwicklung zu GPRS um das Jahr 2000 herum, war erstmals die mobile Internetnutzung möglich – wenn auch noch mit sehr geringen Übertragungsraten. Das führte dazu, dass auf den Telefonrechnungen nicht mehr lediglich der Faktor Zeit berechnet wurde, sondern fortan die Komponente der übertragenen Datenmengen hinzukam. GPRS wurde zeitnah zu EDGE (Enhanced Data Rates for GSM-Evolution) weiterentwickelt, was die Übertragungsraten um ein Vierfaches beschleunigte.

**Die dritte Generation (3G)**

In der dritten Generation wurde mit dem „Universal Mobile Telecommunications System" (UMTS) 2004 ein neuer Mobilfunkstandard erreicht, wodurch das Handy zum „digitalen Informationsmedium" für unterwegs wurde. Sprach- und Datenübertragung funktionieren parallel, sodass während eines Gesprächs zeitgleich im Internet gesurft werden kann oder E-Mails empfangen werden können. Durch einen Datentransfer von bis zu 384 kBit pro Sekunde besteht ein problemloser Zugang zu Videokonferenzen, TV-Programmen oder dem Internet.[36] Mit der zunehmenden Nutzung des mobilen Internets steigt der Bedarf nach noch leistungsfähigerer Übertragung ständig. Technische Weiterentwicklungen der UMTS-Netze wie HSDPA (High Speed Downlink Packet Access), HSPA (High Speed Packet Access) und HSPA+ ermöglichen eine Übertragungsgeschwindigkeit von bis zu 42 Mbit pro Sekunde.[37]

**Die vierte Generation (4G):**

Die vierte und aktuelle Generation ist durch die Technik LTE (Long Term Evolution) gekennzeichnet. Sie wurde 2010 in der Bundesrepublik eingeführt. Vier Jahre später, 2014, gab es in Deutschland bereits 14 Millionen LTE-Nutzer. Das LTE-Netz steigert noch einmal die Datenübertragungsfähigkeit und soll darüber hinaus weltweit zu einem einheitlichen Standard führen. Besonders die Situation in ländlichen und unterversorgten Gebieten kann durch eine LTE-Netzanbindung verbessert werden. Daher wird in Deutschland bis 2018 eine flächendeckende Breitbandversorgung angestrebt. Insgesamt begleitet der Mobilfunk mittlerweile den Alltag der Menschen und hat einen starken Einfluss auf deren Kommunikation: 2014 wurden in Deutschland insgesamt mehr als 111 Milliarden Minuten abge-

---

[36]  Vgl. informationszentrum-mobilfunk.de (2014c), [Zugriff 09.08.2016]
[37]  Vgl. informationszentrum-mobilfunk.de (2014c), [Zugriff 09.08.2016]

hende und mehr als 88 Milliarden Minuten ankommende Gespräche geführt und es sind ca. 22,3 Milliarden Kurznachrichten (SMS) versendet worden.[38] Via Mobiltelefon oder Smartphone sind die Nutzer täglich nahezu 24 Stunden erreichbar. Laut der Bundesnetzagentur liegt die Marktpenetration von Smartphones mittlerweile bei knapp 138 Prozent.[39] Aus dem Tätigkeitsbericht der Bundesnetzagentur von 2015 geht ebenfalls hervor, dass der SIM-Kartenbestand Mitte 2015 112,4 Millionen betrug, wovon knapp 108 Millionen aktiv genutzt wurden. Fast die Hälfte, nämlich 52,6 Millionen, davon wurden zudem in UMTS- und LTE-fähigen Geräten verwendet, die die Nutzung von mobilen Datenübertragungsdiensten ermöglichen. Durch die Nutzung genannter Endgeräte steigt das mobile Datenvolumen extrem stark an. Während 2013 noch 267 Millionen GB übertragen wurden, waren es 2014 schon 395 Millionen GB. Innerhalb von nur einem Jahr hat das Datenvolumen also um knapp 48 Prozent zugenommen. Diese Entwicklungen verdeutlichen einmal mehr das Potential von mobilen Endgeräten als Kommunikationsinstrument und die daraus resultierende Notwendigkeit ihrer Integration in den Marketing-Mix mittels des Mobile Marketings. MARSELLA, Chief Technology Officer bei Ciena, nennt bei den Telekommunikationstrends für das Jahr 2017 als erstes die Entwicklung der fünften Generation (5G). Nach bestandenen Testphasen soll die neue Technologie in 2017 eventuell bereits kommerziell eingesetzt werden. Es ist also nur eine Frage der Zeit, wann die fünfte Generation offiziell anbricht.[40]

### 2.3.2 Rechtliche Rahmenbedingungen

Dadurch, dass Mobile Marketing noch eine relativ junge Form des Marketings ist, existiert keine explizite Rechtssprechung darüber. Laut HOLLAND gelten die Verhaltensregeln der Mobile Marketing Association (MMA) als Grundsatz.[41] Zudem gehören zu den rechtlichen Rahmenbedingungen insbesondere Datenschutzbestimmungen. Gerade in Zeiten von BigData sind der Umgang und die Speicherung von personenbezogenen Daten ein sensibles Thema. Sowohl im Bundesdatenschutzgesetz (BDSG) als auch im Gesetz gegen den unlauteren Wettbewerb (UWG) und im Telemediengesetz (TMG) ist verankert, dass sämtliche mobile

---

[38]  Vgl. Bundesnetzagentur Tätigkeitsbericht (2015), [Zugriff 09.08.2016], S. 41
[39]  Vgl. Bundesnetzagentur Tätigkeitsbericht (2015), [Zugriff 09.08.2016], S. 38
[40]  Vgl. Kien (2016), [Stand 02.12.2016]
[41]  Vgl. Holland (2014), S. 435

Marketingaktivitäten die Einwilligung des Empfängers bedürfen. Lediglich vertragsrelevante Inhalte stellen eine Ausnahme dar. Geben Konsumenten durch das Opt-in beispielsweise bei einem Kauf ihr Einverständnis, müssen sie jederzeit die Möglichkeit des Widerspruchs (Opt-out) haben. Damit die erteilte Erlaubnis jederzeit problemlos widerrufen werden kann, müssen Werbebotschaften deshalb mit einem deutlichen Hinweis zum Widerruf versehen sein.[42] Das einfache Zustimmungsverfahren wird in der Marketingpraxis als Opt-in-Verfahren betitelt. Mittlerweile nutzen Unternehmen jedoch bereits häufig das Double-Opt-in-Verfahren. Neben der reinen Registrierung oder Zustimmung via SMS muss der Nutzer zusätzlich aktiv werden und beispielsweise einen Bestätigungslink anklicken oder einen Code eingeben.[43] Für die besondere Form der Location Based Services (LBS) ist dagegen das Telekommunikationsgesetz bedeutend. Sind Jugendliche von mobilen Marketingmaßnahmen betroffen, greifen zusätzlich die Jugendschutzgesetze. Diese stellen vor allem in Bezug auf den Inhalt eine wesentliche Determinante für Werbetreibende dar. Das Teledienstgesetz (TDG) dagegen regelt die Impressums- und Informationspflicht, sodass der Absender der Werbebotschaft eindeutig erkennbar sein muss. Der Inhalt der Botschaft dagegen muss der Wahrheit entsprechen und einen eindeutig kommerziellen Charakter aufweisen.[44]

## 2.4 Instrumente des Mobile Marketings

Die Entstehungsgrundlagen sowie Rahmenbedingungen für mobile Marketingaktivitäten wurden in vorherigen Unterpunkten bereits erklärt. Schnelle Entwicklungszyklen und innovative Technologien führen zudem dazu, dass die Anzahl an Mobile-Marketinginstrumenten stetig zunimmt. Die folgende Abbildung 4 gibt einen Überblick über die bereits bestehende Vielzahl der Instrumente:

---

[42]   Vgl. Schneider (2015), S. 40

[43]   Vgl. Schneider (2015), S. 40

[44]   Vgl. Schneider (2015), S. 41

Abbildung 4: Übersicht Mobile-Marketinginstrumente[45]

Da eine detaillierte Betrachtung aller der in Abbildung 4 aufgeführten Instrumente zu weit führen würde, werden im Kontext dieser Arbeit lediglich ausgewählte Instrumente exemplarisch erläutert. Dazu gehören: Mobile Messaging, Mobile Website, Mobile Tagging, Location Based Services, Mobile Applications und Augmented Reality. Diese sind der Übersicht halber in Abbildung 4 bereits extra hervorgehoben.

### 2.4.1 Mobile Messaging

Mobile Messaging ist die älteste und am häufigsten genutzte Form des Mobile Marketings. Diese beinhaltet das Versenden und Empfangen von Kurznachrichten wie SMS oder MMS über mobile Endgeräte.[46] Heute wird der Begriff noch umfänglicher gebraucht, so beispielsweise auch für Mobile-Messaging-Apps wie WhatsApp oder den Facebook Messenger. SMS weisen jedoch stets die höchste Erreichbarkeit bei Nutzern auf und stellen somit das bedeutsamste und meistgenutzte Trägermedium dar. Im Hinblick darauf, dass nach wie vor nicht alle mobilen Endgeräte MMS empfangen können, ist die Tatsache nachvollziehbar. Es ist

---


[45]  Eigene Darstellung
[46]  Vgl. Schneider (2015), S. 49

jedoch davon auszugehen, dass der Smartphone-Boom auch in diesem Zusammenhang zukünftig zu Veränderungen führen wird. Dabei kann die Nachricht via SMS oder MMS entweder als Produkt und / oder Service genutzt werden oder aber auch als Kommunikations- und Distributionskanal. Beispiele für mobile Produkte sind unter anderem Videos, Wetterinformationen oder kostenpflichtige News.[47] Neben dem reinen Produkt kann die Kurznachricht auch interessante Zusatzinformationen und -dienste beinhalten, was den Mehrwert und somit die Attraktivität für den User steigert. Für mobile Werbung dagegen steht die kommunikative Komponente im Vordergrund. Mittels der Technologie gelangen Botschaften unkompliziert und vor allem unmittelbar im direkten zeitlichen Kontext an die Empfänger. Dementsprechend kommt die SMS als Instrument auch oft bei Maßnahmen wie Gewinnspielen, Promotion-Aktionen, Infos-Services oder Meinungsumfragen zum Einsatz. Ein Nachteil bei SMS ist allerdings, dass die Zeichenanzahl begrenzt ist. Viele mobile Endgeräte können heute zwar einzelne Nachrichten als Fließtext anzeigen, aber eben nach wie vor nicht alle.[48]

### 2.4.2 Mobile Website

Die Mobile Website gehört ebenfalls nahezu zum Standard-Repertroire vieler Unternehmen. Dabei handelt es sich meistens um eine komprimierte Version der klassischen Unternehmens-Website. Die mobile Aufmachung vereinfacht es mobilen Nutzern, sich auf der Seite zurechtzufinden. Zudem ist eine exakte Adaption der klassischen Website schwierig, da die mobilen Endgeräte aufgrund mangelnder Größe wesentlich weniger Platz bieten. Die Seiteninhalte wären also im Originalzustand kaum lesbar, da sie zu klein erscheinen würden. Die folgende Abbildung 5 verdeutlicht die genannte Problematik:

---

[47]   Vgl. Kirchner/Scheffel (2012), S. 110
[48]   Vgl. Schneider (2015), S. 49

Abbildung 5: Klassische Website versus Mobile Website am Beispiel Amazon[49]

Neben der Anpassung an das Displayformat muss die Mobile Website auch Touch-screen-optimiert sein, um eine einfache Usability zu gewährleisten.[50] Eine für den User wichtige Kernkomponente stellt die Suchfunktion dar, weil die gesuchten Informationen häufig schnell benötigt werden. Zudem ist darauf zu achten, dass die mobile Version nur Inhalte besitzt, die dem mobilen Verbraucher einen Mehrwert bieten. Seiten, die beim mobilen Webseitenaufruf nachweislich irrelevant sind, sollten in der mobilen Version gänzlich ausgeklammert werden. Daher ist die Beobachtung und Auswertung des Userverhaltens sowohl auf der klassischen als auch auf der mobilen Version der Website unerlässlich. In der Praxis handhaben Unternehmen diesen Spagat indem sie es dem mobilen Nutzer ermöglichen, sich auch die klassische Website mobil anzuschauen. So kann der Verbraucher selbst entscheiden, welche Variante er bevorzugt. Dieser Aspekt ist nicht zu unterschätzen, wie folgendes Beispiel verdeutlichen soll: User, die etwa die klassische Website zu Hause via stationärem Computer aufrufen, werden auf ein Produkt aufmerksam. Anschließend befinden sie sich am Point of Sale (POS) und suchen nun mittels mobilem Endgerät erneut danach, um sicherzustellen, dass es

---

[49]  Vgl. Eigene Darstellung

[50]  Vgl. Schneider (2015), S. 50

das zuvor auserwählte Produkt ist. Aufgrund der „bekannten" Aufmachung der klassischen Website finden sie das Produkt über diese Version eventuell zügiger. Des Weiteren sollten bei mobilen Websites auf Drop-Down-Felder, Eingabefelder oder Anmeldeformulare verzichtet werden, um die Benutzerfreundlichkeit zu erhöhen.[51] KIRCHNER und SCHEFFEL verweisen noch darauf, dass auch die Datenmengen so gering wie möglich gehalten werden müssen. Nicht alle User besitzen eine Daten-Flatrate, sodass die Datenübertragungsraten höhere Kosten verursachen oder das Datenvolumen schneller aufgebraucht sein kann. Dem vorbeugend sollten beispielsweise hochauflösende Bilder komprimiert werden.[52] Der Vorteil der Mobile Website liegt insbesondere in der Plattformunabhängigkeit, da keine Anpassungen an jeweilige Betriebssysteme erforderlich sind, wie es dagegen bei Applikationen (Apps) der Fall ist. Eine weitere Stärke im Vergleich zu einer App liegt darin, dass kein Download nötig ist und somit der Speicherplatz des mobilen Endgeräts nicht beansprucht wird. Die mobile Website wird – genau wie klassische Webseiten – über den Browser aufgerufen.

### 2.4.3 Mobile Tagging

Mobile Tagging gehört ebenfalls zu den ersten Mobile-Marketing-instrumenten. Es handelt sich um eine Zugangstechnologie, die es ermöglicht, reale Gegenstände mit mobilen und digitalen Informationen zu verbinden.[53] Diese Verknüpfung erfolgt über spezielle Tags, die zur Kennzeichnung eines mobilen Dienstes dienen. Durch die Markierung mit Hilfe eines Tags erfolgt die passende Zuordnung zu den hinterlegten Informationen. Der Begriff des „tag" stammt aus dem Englischen. Mobile Tagging basiert auf der optischen Codierung. So kann mittels der Kamera eines mobilen Endgerätes beispielsweise ein Bar- oder QR-Code gescannt und dekodiert werden. Die untenstehende Abbildung 6 verdeutlicht die Funktionsweise und den Prozess:

---

[51]  Vgl. Schneider (2015), S. 51

[52]  Vgl. Kirchner/Scheffel (2012), S. 117

[53]  Vgl. Hegen (2010), S. 31

Abbildung 6: Funktionsweise eines QR-Codes[54]

In der Literatur werden die Begriffe „Mobile Code Reading" oder „Mobile Code Scanning" für diesen Vorgang oft synonym verwendet. Es gibt verschiedene Formen von Mobile Tagging. In der Werbepraxis kommt der QR-Code bisher am häufigsten zum Einsatz.[55] Das Hauptziel des Scanprozesses stellt der Aufruf von mobilen Internetseiten dar. Dank des Codes kann auf das Eintippen einer langen URL verzichtet werden. QR-Codes werden oft auf Produktverpackungen, Anzeigen in Print-Medien oder auch auf Visitenkarten platziert.[56] Die Voraussetzung ist jedoch, dass der User eine nötige App auf seinem mobilen Endgerät installiert hat, mittels welcher der Code eingescannt werden kann. Mittlerweile gibt es in den App-Stores der einzelnen Betriebssysteme eine Vielzahl solcher Applikationen. In Europa kam die Technologie seit 2007 zunächst in den Ländern Frankreich, Spanien und Schweiz zum Einsatz.[57] Die Anzahl der Personen in Deutschland, die die QR-Code-Funktion ihres mobilen Endgeräts nutzen, lag im Jahr 2013 bei 0,91 Millionen und im Jahr 2015 bei 1,18 Millionen Personen. 10,52 Millionen Nutzer dagegen gaben an, dass sie die Funktion selten nutzen und ganze 40,64 Millionen sind keine Nutzer der Technologie – entweder weil die Funktion auf dem mobilen Endgerät fehlt oder weil kein Interesse vorhanden ist. Das verdeutlichen die Ergebnisse einer Umfrage des Statistikportals STATISTA in Deutschland.[58] Die Abbildung a2 im Anhang veranschaulicht die gesamten Befragungsergebnisse. Zudem belegen auch die Ergebnisse eines Berichts des Marktforschungsunternehmens SKOPOS, dass QR-Codes zwar an Akzeptanz gewinnen, von der breiten Bevölkerung jedoch nach wie vor noch nicht verwendet werden. Als Hauptursache für die

---

[54]   Vgl. kunst-im-oeffentlichen-raum-frankfurt.de (2016), [Zugriff 30.11.2016]
[55]   Vgl. Schneider (2015), S. 56
[56]   Vgl. Hegen (2010), S. 31
[57]   Vgl. Hegen (2010), S. 33
[58]   Vgl. statista.com (2016c), [Zugriff 28.11.2016]

geringen Nutzungsraten wird vor allem mangelndes Wissen und Interesse gesehen.[59] Trotzdem werden die QR-Codes in der Werbepraxis häufig zur crossmedialen Verknüpfung eingesetzt, da sie ohne großen Aufwand und Kosten in Kampagnen integriert werden können. Wichtig ist, dass die Codes nur dort platziert sind, wo die Verbraucher auch genügend Zeit haben, diese zu scannen und sich die Verlinkung anzuschauen.[60]

## 2.4.4 Location Based Services

Das Instrument des Location Based Services impliziert Marketingaktivitäten, die sich auf einen bestimmten und genau eingrenzbaren Ort beziehen. Die Informationen passen sich jederzeit automatisch dem aktuellen Ort des Users an.[61] Neben den technischen Voraussetzungen der mobilen Endgeräte basiert die Technologie vor allem auf der Mobilität der User. Da die heutige Smartphone-Generation in der Regel mit GPS-Einheiten ausgestattet ist, können die Nutzer mittels Einschaltung der Ortungsfunktionen sehen, was in ihrer unmittelbaren Umgebung geschieht. Laut der Resultate einer Google-Studie aus dem Jahr 2013 haben fast 90 Prozent der Smartphone-Nutzer in Deutschland bereits nach lokalen Informationen gesucht. „Unternehmen nutzen diesen Trend des lokalen Marketings zunehmend, um mittels Location Based Marketing bestehende sowie potentielle Kunden direkt am Point of Interest oder gar am Point of Sale anzusprechen."[62] Der Informationsservice kann im Marketing-Mix in den Promotionbereich der Kommunikationspolitik eingeordnet werden.[63] Die ortsbezogene Marketingmaßnahme ermöglicht zudem eine sehr genaue Zielgruppensegmentierung. Daraus resultiert eine individuelle und passgenaue Ansprache bei den Konsumenten. Einige Autoren heben im Zusammenhang mit Local Based Services insbesondere die soziale Komponente in den Vordergrund. FABER und PRESTIN zählen die Technologie sogar gemeinsam mit Social Media zur so genannten SoLoMo-Bewegung (siehe Kapitel 4). Durch die Integration von LBS auf sozialen Plattformen wie etwa Facebook können Nutzer anderen Usern ihren Standort mitteilen. BATKE definiert LBS abschließend wie folgt: „Location-based Services sind Dienstleistungen, die den

---

[59]   Vgl. skopos.de (2014), [Stand 07.07.2014]

[60]   Vgl. Schneider (2015), S. 57

[61]   Vgl. Batke (2013), S. 11

[62]   Schneider (2015) , S. 62

[63]   Vgl. Batke (2013), S. 10

Standort durch einen GPS-Empfänger in einem mobilen Endgerät abfragen, um dem Nutzer individuelle Informationen passend zu seiner derzeitigen Position bereitzustellen. Durch Location-based Services kann der Nutzer anderen Nutzern seinen momentanen Standort mitteilen."[64] In der Praxis gibt es branchenübergreifend viele Anwendungsbereiche für LBS. Besonders für ortsansässige Läden und Unternehmen, wie Bars, Restaurants, Cafes, Hotels, Fitnessstudios, Kinos oder Einzelhändler ist LBS-Marketing sehr attraktiv. Dabei wird zwischen personenbezogenen und gerätebezogenen Diensten differenziert. Letztere werden als passive Lokalisierungsdienste betrachtet, die sich beispielsweise auf die Ortung von Objekten wie Autos oder Restaurants fokussieren. Durch diese Informationen können Verkehrsteilnehmer Stauinformationen erhalten oder den Konsumenten kann die Restaurantsuche erleichtert werden. Bei personenbezogenen Diensten dagegen können die Nutzer des mobilen Endgeräts die Leistung aktiv steuern. So können unter anderem Freunde und Bekannte durch die Anwendung von Community-Diensten lokalisiert und angezeigt werden.[65] Push- und pullbasierte Dienste stellen zwei weitere Einteilungsmerkmale dar. Auf diese wird in Kapitel 3 ausführlich eingegangen.

## 2.4.5 Mobile Applications

Mobile Applications, die im Deutschen als mobile Applikationen betitelt werden, sind kleine Anwendungsprogramme (Apps), die für mobile Endgeräte konzipiert sind. Die Apps können in spezifischen App-Stores heruntergeladen und auf dem Gerät installiert werden. Durch die Markteinführung des iPhones von Apple im Jahr 2007 wurden die Anwendungen massentauglich. Die Nutzer können mittlerweile zwischen Millionen von Apps wählen und somit die Funktionalität ihres mobilen Endgeräts um ein Vielfaches erweitern. Im Durchschnitt haben Deutsche 60 Apps auf ihrem mobilen Endgerät heruntergeladen.[66] Durch die große Nachfrage nach Apps stellen diese auf der anderen Seite für Unternehmen und Werbetreibende ein attraktives Marketinginstrument dar. Einerseits lassen sich durch den Verkauf einer kostenpflichtigen App Umsätze generieren, andererseits kann die App als Werbeinstrument an sich genutzt werden, um den Absatz des gesamten Produktportfolios zu steigern. Ungefähr zwei Drittel der Unternehmen, die

---

[64]  Batke (2013), S. 11
[65]  Vgl. Batke (2013), S. 11
[66]  Vgl. Schneider (2015), S. 52

eine eigene Applikation besitzen, forcieren damit vor allem die Kundenbindung und versuchen die Kundenbeziehungen zu intensivieren. Harte Faktoren wie Absatz- oder Umsatzsteigerung stehen eher im Hintergrund.[67] Eine App bietet Vor- aber auch Nachteile gegenüber anderen Instrumenten wie beispielsweise der mobilen Website. Grundsätzlich ist die Erstellung einer mobilen Website in der Regel kostengünstiger als die Programmierung einer App. Darüber hinaus können die Inhalte der komprimierten Website über Suchmaschinen ausfindig gemacht werden und es benötigt keinen Download, damit die Konsumenten auf Inhalte zugreifen können. Auf der anderen Seite ermöglichen Apps den Einbezug sämtlicher Funktionen der mobilen Endgeräte. Kamerafunktionen, GPS- oder Kompass-Tools können problemlos in die App integriert werden, was die Usability für den Nutzer erhöht. Dadurch, dass der Konsument die App zunächst aktiv downloaden muss, ist sein Involvement ebenfalls automatisch höher. Neben der App als reines Produkt bieten sich weitere Werbemöglichkeiten in Form von Mobile Advertising an. So können Unternehmen auch in anderen Anwendungen via Banner Werbung schalten und somit die eigene Reichweite erhöhen. Insgesamt werden Apps im Vergleich zu mobilen Websites von Nutzern als höherwertig eingestuft. Entscheidet sich ein Unternehmen für die App-Entwicklung, sollten sowohl die Zielgruppedefinition als auch die Formulierung des zusätzlichen Konsumentenutzens relevante Parameter sein.[68] Aufgrund der Vielzahl der konkurrierenden Apps vereinfacht es den Markteintritt, wenn eine innovative oder kreative Idee hinter der Entwicklung der Anwendung steckt. Darüber hinaus sind ein ansprechendes Design und eine simple und selbsterklärende Benutzerführung weitere Erfolgsfaktoren.[69]

### 2.4.6 Augmented Reality

Neben den genannten, bewährten Mobile-Marketinginstrumenten stellt Augmented Reality ein ganz neues Werkzeug – insbesondere innerhalb der mobilen Kommunikation – dar. Augmented Reality kann mit „erweiterte Realität" übersetzt werden. Ziel dieser Technologie ist es, die reale Umwelt in Echtzeit um virtuelle Informationen, Bilder, Grafiken oder Videos zu erweitern. Diese neuartige Ansprache führt das erste Mal zu einer Verschmelzung der realen mit der virtuel-

---

[67]  Vgl. Schneider (2015), S. 54
[68]  Vgl. Schneider (2015), S. 54f.
[69]  Vgl. Kirchner/Scheffel (2012), S. 121f.

len Welt. Obwohl es sich dabei noch um eine vergleichsweise neue Technik handelt, findet sie bereits in vielen Branchen Anwendung. Ein Beispiel dafür ist die Tourismusbranche. Durch die Funktionsweise von Augmented Reality können den Nutzern bei Sightseeing-Touren Zusatzinformationen zu Sehenswürdigkeiten angezeigt werden. Mittels der grafischen Aufbereitung der AR-App Layar wird unter anderem gezeigt, wie die Berliner Mauer an bestimmten Punkten von Berlin ausgesehen hat. Die historische Mauer wird dabei durch die virtuelle Erweiterung realitätsgetreu in das aktuelle, reale Umfeld integriert. Da im Folgenden dieser Arbeit noch ausführlich auf Augmented Reality eingegangen wird, dient dieser Abschnitt nur der kurzen Einführung von AR als mobiles Marketinginstrument.

# 3 Einordnung von Mobile Marketing in den Marketing-Mix

Der Terminus Marketing-Mix wurde schon 1948 in die Marketingtheorie integriert.[70] Für die Zusammensetzung des Marketing-Mix sind die operationalen Subziele einer Unternehmung maßgebend, da sich der Gesamtprozess in die operative Marketingplanung einordnen lässt.[71] „Der Marketing-Mix eines Unternehmens ist der kombinierte und koordinierte Einsatz der Marketinginstrumente mit dem Ziel, durch harmonische Abstimmung der Instrumentenausprägungen die Unternehmens- und Marketingziele möglichst effizient zu erreichen"[72], so lautet die Definition nach BRUHN. Zwischen den einzelnen Instrumenten bestehen dabei mannigfache Wirkungsbeziehungen, weshalb die Instrumente nicht isoliert voneinander betrachtet werden sollten. Da solche Interpendenzen hinsichtlich der Effizienz sowie der Effektivität von Marketingaktivitäten eine hohe Relevanz besitzen, sind diese keinesfalls zu vernachlässigen.[73] Derartige Abhängigkeiten zwischen den Instrumenten können beispielsweise auf funktionaler, zeitlicher oder hierarchischer Ebene stattfinden.[74] Die aktuelle Herausforderung der Unternehmen besteht vor allem darin, Mobile Marketing in den bestehenden Marketing-Mix zu integrieren.[75] Laut TOMCZACK und KRUTHOFF kann Mobile Marketing als „digitale Ergänzung"[76] des klassischen Marketing-Mix betrachtet werden, wobei der Fokus insbesondere auf der Kommunikationspolitik liegt. Die Entwicklung vom klassischen über das Direkt Marketing hin zum Mobile Marketing ist insbesondere von der Entwicklung der Medien geprägt. Die folgende Abbildung 7 verdeutlicht den Entstehungsprozess hin zum Mobile Marketing:

---

[70]  Vgl. Meffert u.a. (2012), S. 786
[71]  Vgl. Meffert u.a. (2012), S. 22
[72]  Schneider (2015), S. 42
[73]  Vgl. Meffert u.a. (2012), S. 787
[74]  Vgl. Meffert u.a. (2012), S. 787
[75]  Vgl. Schneider (2015), S. 42
[76]  Tomczack/Kruthoff (2003), [Zugriff 07.12.2016]

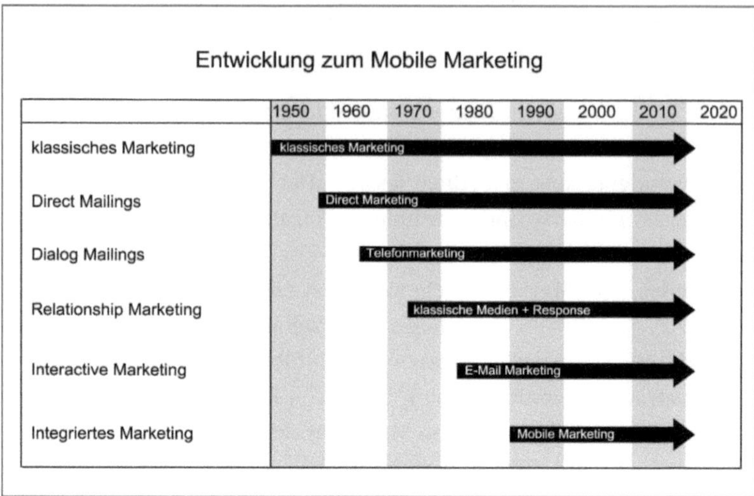


Abbildung 7: Entwicklung zum Mobile Marketing[77]

Mittels mobiler Maßnahmen erlangt das Marketing aktuell das bis dato größte Ausmaß an Individualisierung, was in Fachkreisen als One-to-One- Marketing bezeichnet wird.[78]

## 3.1 Weiterentwicklung des Marketing-Mix

Der Wandel vom Verkäufermarkt zum Käufermarkt in den 1960er-Jahren hat das wirtschaftliche Handeln stark beeinflusst und gilt zugleich als Geburtsstunde des modernen Marketings.[79] Anders als zuvor überstieg das Angebot fortan die Nachfrage und Konsumenten konnten aus „einer Vielzahl gleichwertiger Angebote"[80] auswählen. Für die Unternehmen entstand ein intensiver Wettbewerb, der erstmals eine klare Positionierung am Markt zur Abgrenzung gegen Konkurrenten erforderte.[81] Der inhaltliche Fokus des Marketings verschob sich von der ursprünglichen Distributionsorientierung zur Verbraucherorientierung, denn Marketing ist als dominante Engpassfunktion erkannt worden. Zuvor geläufige Begrif-

---

[77]  Vgl. Eigene Darstellung in Anlehnung an Schneider (2015), S. 32
[78]  Vgl. Schneider (2015), S. 32
[79]  Vgl. Meffert u.a. (2012), S. 8
[80]  Gelbrich u.a. (2008), S. 4
[81]  Vgl. Gelbrich u.a. (2008), S. 4

fe wie „Absatzpolitik" oder „Absatzwirtschaft" wurden von dem Begriff Marketing abgelöst.[82] Das Interesse an den Instrumenten des Marketing-Mix stieg und es folgte eine sukzessive Implementierung von Marketingabteilungen in Unternehmen.[83] Zu diesem Zeitpunkt waren wenig segmentierte Massenmärkte vorherrschend. Im Laufe der Zeit haben sich diese Massenmärkte jedoch immer weiter differenziert, sodass deutlich kleinere Marktnischen entstanden sind. Diese Entwicklung stellt das Marketing zunehmend vor große Herausforderungen. Klassische Marketinginstrumente stoßen an ihre Grenzen, da sie für die zielgenaue Bearbeitung der Nischenmärkte ungenügend sind, wodurch hohe Streuverluste entstehen. Infolgedessen hat sich das Marketing, simultan zur Marktentwicklung, mit seinen Instrumenten vom Massenmarketing über das Marktnischenmarketing zum individuellen One-to-One-Marketing entwickelt (siehe Kapitel 2).[84] Parallel zu der Entwicklung der Märkte haben sich auch die Konsumenten verändert, wodurch eine neue Dynamik innerhalb des Kaufverhaltens entsteht. Anhand der immer weiter steigenden Internet- und Smartphone-Penetration nehmen sowohl die Kompetenz als auch die Informiertheit und das Selbstbewusstsein der Verbraucher zu. Dementsprechend steigen auch deren Anforderungen und Erwartungshaltung. Eine weitere Schwierigkeit entsteht vor allem durch die Entwicklung der Konsumenten zu hybriden bis teilweise sogar bereits multioptionalen Verbrauchern. Die Konsumenten der heutigen Zeit werden daher bereits als „multiple Persönlichkeiten"[85] bezeichnet. Das bedeutet, dass ein und derselbe Konsument viele verschiedene Verhaltensfacetten aufweist. Dieses Phänomen stellt Marketingtreibende zunehmend vor Probleme, da sie den Konsumenten nicht mehr gewissen Konsumstile und Handlungsprinzipien zuordnen können. Durch die vielen unterschiedlichen Verhaltensweisen und Konsummotive lassen sich die Verbraucher also kaum noch in abgrenzbare Zielgruppen einordnen.[86] Die Entwicklung der Sinus-Milieus, auf die im Kapitel sieben noch ausführlicher eingegangen wird, verdeutlicht diese Veränderungen hinsichtlich einer flexiblen und individuellen Lebensführung der Konsumenten ebenfalls. Um sich den gegebenen Veränderungen anzupassen, kann Mobile Marketing daher ein entscheidender

---

[82]  Vgl. Meffert u.a. (2012), S. 7

[83]  Vgl. Meffert u.a. (2012), S. 8

[84]  Vgl. Holland (2014), S. 28

[85]  Halfman (2014), S. 177

[86]  Vgl. Halfman (2014), S. 177

Erfolgsfaktor sein. Denn dank der Möglichkeit der individuellen, spontanen und punktgenauen Ansprache können die Bedürfnisse der Konsumenten weiterhin erfüllt werden. Insgesamt verlief der Entwicklungsprozess der Marketing-Theorie evolutionär, das heißt, Erkenntnisse aus vorangegangenen Phasen wurden schrittweise in Folgephasen integriert und modifiziert.[87] Marketing ist demnach als dynamisches Konstrukt anzusehen, das verschiedenen Einflussfaktoren unterliegt und sich an äußere Gegebenheiten anpasst. Wegweisend für die Entwicklungen sind unter anderem die technologischen Fortschritte und die Entstehung von neuen Medien, wodurch es wiederum zu einer Veränderung des Mediennutzungsverhaltens bei den Konsumenten kommt.

### 3.1.1 Klassische Instrumente

Wie bereits erwähnt, wurde der als Sammelbegriff für die einzelnen Instrumente fungierende Marketing-Mix bereits früh in den Sprachgebrauch und die Theorie des Marketings integriert. Im Laufe der Zeit haben verschiedene Autoren unterschiedliche Bezeichnungen für die Instrumente entwickelt. Die Abbildung 8 vergleicht die Instrumentaltypologien diverser Autoren und verdeutlicht die Unterschiede:

---

[87]  Vgl. Gelbrich u.a. (2008) S. 4

## Ausgewählte Systematiken für Marketing-Mix Instrumente

| McCarthy, 1960 | Gutenberg, 1965 | Nieschlag/Dichtl/ Hörschgen, 1997 | Kotler, seit 1995 |
|---|---|---|---|
| - product<br>- price<br>- place<br>- promotion | - Produktgestaltung<br>- Preispolitik<br>- Absatzmethode<br>- Werbung | - Produktpolitik<br>- Entgeltpolitik<br>- Distributionpolitik<br>- Kommunikations-<br>  politik | - Produktmanagement<br>- Markenmanagement<br>- Preismanagement<br>- Distributionsmana-<br>  gement<br>- Handelsmanagement<br>- Warenlogistik<br>- Kommunikationsmix<br>- Absatzförderungsmix<br>- PR- und Verkaufsför-<br>  derungsmix<br>- Verkaufsmanage-<br>  ment<br>- Direktmarketing |
| Böcker, 1972 | Meffert, 1975 | Becker, 1987 | |
| - Produktpolitik<br>- Distributionspolitik<br>- Kommunikations<br>  politik | - Produkt- und Pro<br>  grammpolitik<br>- Kontrahierungs-<br>  politik<br>- Distributionspolitik<br>- Kommunikations<br>  politik | - Angebotspolitik<br>- Distributionspolitik<br>- Kommunikations<br>  politik | |

Abbildung 8: Instrumentaltypologien ausgewählter Autoren[88]

Dabei hat sich „das Schema der vier Ps" von MCCARTHY bis heute durchgesetzt.[89] Die Bezeichnung der klassischen vier Marketinginstrumente (4P) nach MCCARTHY umfasst demnach die Produktpolitik (product), die Preispolitik (price), die Distributionspolitik (place) und die Kommunikationspolitik (promotion). Diese gehören zum ursprünglichen Marketing-Mix und bilden die Basis. Auch nach MEFFERT sind diese vier Ps nach dem modernen Marketingverständnis im Konsumgüterbereich nach wie vor beherrschend.[90] In Zeiten in denen das Relationship-Marketing ebenfalls zunehmend an Bedeutung gewinnt, werden die Instrumente zudem teilweise nach den Phasen des Kundenlebenszyklusses dekliniert. Die phasenabhängigen Instrumente werden demnach in die drei Phasen Kundenakquisitions-Management, Kundenbindungs-Management und Kundenrückgewinnungs-Management unterteilt.[91] Die Abbildung a3 im Anhang gibt einen Überblick über die Phasen mit den einzelnen Instrumenten innerhalb der vier Ps.

---

[88]   Vgl. Eigene Darstellung in Anlehnung an Auer (2004), S. 22

[89]   Vgl. Auer (2004), S. 22

[90]   Vgl. Meffert u.a. (2012), S. 22

[91]   Vgl. Auer (2004), S. 23

### 3.1.2 Erweiterung der klassischen Instrumente

Unternehmen können verschiedenen Wirtschaftsbereichen zugeordnet werden, die als Sektoren bezeichnet werden. Lange wurde zwischen dem primären, dem sekundären und dem tertiären Sektor differenziert. Mittlerweile gibt es bereits einen vierten, den Quartärsektor. Der primäre Sektor beinhaltet Unternehmen, die der Land- und Forstwirtschaft oder der Fischerei zugeordnet werden können. In der Literatur wird dieser Bereich auch oft als Urproduktion betitelt, da er in der Regel die Rohstoffe zur Produkterstellung liefert. Historisch betrachtet war dieser Bereich in Zeiten der Agrarwirtschaft, als der Großteil der Menschen als Bauern arbeitete, von größter Bedeutung. Im Zuge der Industrialisierung kam es dann zu einer Verschiebung hin zum sekundären Sektor, der auch als industrieller Sektor bezeichnet wird. Das produzierende Gewerbe dient der Verarbeitung der Rohstoffe des primären Sektors zu Gütern. Aktuell besitzt der Tertiär- oder auch Dienstleistungssektor in Deutschland den größten Anteil an der Bruttoerwerbsschöpfung. 2015 setzte sich diese aus 68,9 Prozent des tertiären Sektors, aus insgesamt 30,5 Prozent des sekundären und lediglich zu 0,6 Prozent aus dem primären Sektor zusammen.[92] Zurückzuführen ist diese volkswirtschaftliche Theorie namens Drei-Sektoren-Hypothese (Landwirtschaft, Industrie Dienstleistungen) auf die Wirtschaftswissenschaftler FISHER, CLARK, FOURATSIÉ und WOLFE.[93] Der Prozess der Tertiarisierung bezeichnet dabei den Strukturwandel von der Industrie- zur Dienstleistungsgesellschaft. Dieser hat auch Auswirkungen auf die Marketingbranche und infolgedessen auf den Marketing-Mix. Aufgrund des zunehmenden Dienstleistungsgedankens reichten die ursprünglichen vier Ps schlicht nicht mehr aus. Der Wandel der Wirtschaftsstrukturen erfordert gleichzeitig eine Anpassung des Marketings, da sich dieses auf den Markt und die Bedürfnisse der Marktteilnehmer bezieht. Um dem gerecht zu werden, ist der klassische Marketing-Mix also um drei Instrumente erweitert worden, wodurch er nun aus sieben anstatt aus vier Ps besteht. Hinzukamen die drei Instrumente Personal (people), Prozesse (processes) und physisch fassbare Leistungspotentiale des Anbieters (physical facilities).[94]

---

[92]  Vgl. statista.com (2016b), [Zugriff 20.11.2016]

[93]  Vgl. Rück (2000), S. 129

[94]  Vgl. Meffert u.a. (2012), S. 22

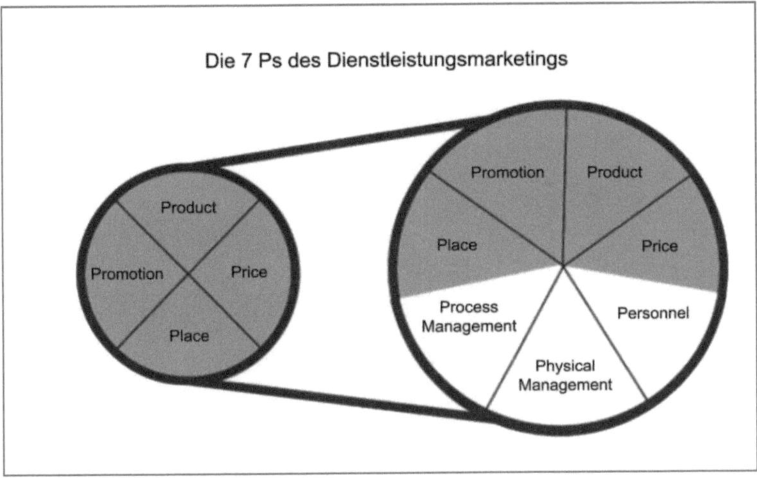


Abbildung 9: Die 7 Ps des Dienstleistungsmarketings[95]

Die obenstehende Abbildung 9 veranschaulicht die Entwicklung des Marketing-Mix von vier zu insgesamt sieben Ps. Die drei neuen Instrumente, die dem Dienstleistungsgedanken entsprechen, werden hier als Process Management, Physical Management und Personnel beschrieben. Ähnlich wie bei den Instrumentaltypologien der vier Ps (siehe 3.1.1) gibt es auch hier in der Literatur viele unterschiedliche Termini für die Werkzeuge.

## 3.2 Mobile Marketing als übergreifendes Instrument im Marketing-Mix

Wie bereits erwähnt (siehe Kapitel 3), kann Mobile Marketing als digitale Ergänzung zum klassischen Marketing-Mix, mit den vier Ps Product, Price, Promotion und Place, betrachtet werden.[96] Die folgende Abbildung 10 „Marketing-Mix des Mobile Marketings" zeigt die Schnittstellen von Mobile Marketing und den ursprünglichen vier Instrumenten auf:

---

95  Vgl. Eigene Darstellung in Anlehnung an Bruhn (2012), S. 414
96  Vgl. Tomczack/Kruthoff (2003), [Zugriff 07.12.2016]

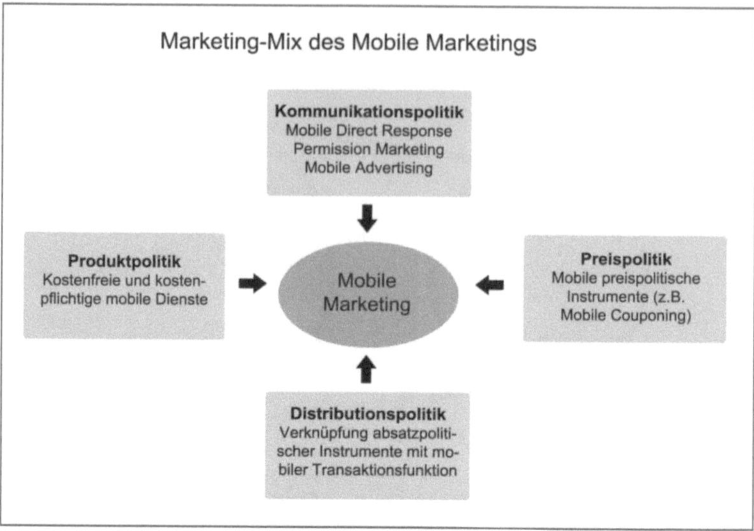


Abbildung 10: Marketing-Mix des Mobile Marketings[97]

Die mobilen Endgeräte stellen in diesem Zusammenhang vor allem einen neuen Kommunikationskanal dar, warum es von Unternehmen auch bevorzugt in der Kommunikationspolitik zum Einsatz kommt.[98] Aus diesem Grund liegt der Fokus im Folgenden primär auf diesem Instrument. Der Vollständigkeit halber werden jedoch auch die anderen Instrumente kurz behandelt.

### 3.2.1 Kommunikationspolitik

Bereits genannte Aspekte wie technologische Fortschritte und das damit einhergehende veränderte Konsumentenverhalten führen dazu, dass sich auch die Kommunikationspolitik innerhalb des Marketing-Mix anpassen muss. Klassische Medien finden in der Praxis immer weniger Beachtung bei den Rezipienten. Die Kommunikationsbeschaffung via TV-Spots und Zeitungsanzeigen nimmt ab, vielmehr ist das Internet das neue Leitmedium der vermehrt hybriden Konsumenten. Laut BRUHN geht der Trend „zunehmend zu einer digitalen, audiovisuellen und interaktiven Medienlandschaft."[99] Neben Anpassungen in der Produktpolitik er-

---

[97]  Vgl. Eigene Darstellung in Anlehnung an Schneider (2015), S. 43
[98]  Vgl. Schneider (2015), S. 43
[99]  Bruhn (2012), S. 80

fordern die neuen Rahmenbedingungen auch eine andere Konsumentenansprache. KREUTZER unterscheidet dabei auf den beiden Ebenen „Individualisierung des Angebots" und „Individualisierung der Ansprache" zwischen insgesamt vier Stufen. Die erste Stufe bezeichnet er als „One-to-mass". Dabei ist das Leistungsangebot standardisiert und die Ansprache undifferenziert. Der Individualisierungsgrad ist also niedrig. Stufe zwei, „One-to-many", ist durch differenzierte Angebote und Kommunikation gekennzeichnet. In der dritten Stufe spricht auch er von „One-to-one", sowohl die Kommunikation als auch die Angebote sind stark individualisiert. Die letzte und vierte Stufe betitelt er als „Many-to-many", die sich durch die Kommunikation zwischen Gruppen und Angeboten von und für Gruppen charakterisiert.[100] Diese Stufe stellt also die Verknüpfung zwischen der Stufe zwei und drei dar. In der Praxis werden die einzelnen Stufen oft miteinander kombiniert, um eine größere Bandbreite zu schaffen. Eine steigende Individualisierung führt zudem zu einer höheren Intensität der Beziehungen zwischen Unternehmen und Konsumenten. Welche Intensität der Beziehung bei Konsumenten erweckt wird, kann auch durch die Auswahl der entsprechenden Medienkategorie beeinflusst werden. Medien der Kategorie „Broadcasting" wie Außenmedien, TV, Rundfunk oder Print, erzeugen in der Regel lediglich eine niedrige Beziehungsintensität. Medien des Bereichs „Engagement" dagegen erfordern Mitwirkung und steigern das Involvement der Rezipienten. Einige Plattformen und Communitys nehmen bei der Kategorisierung eine „Zwitterstellung" ein, da sie verschiedene Stufen abdecken. Die größtmögliche Interaktionsform wird nach wie vor dem Telefon und dem Verkaufsgespräch am Point of Sale (POS) attestiert.[101] Die Kommunikation erreicht die so genannte zweite Brennstufe. Auf den klassischen linearen Kommunikationsprozess folgt ein deutlich komplexerer, zirkulärer Kommunikationsprozess, welcher insbesondere durch das Massenmedium Internet begünstig und gefördert wird (siehe Abbildung a4 im Anhang). Zuvor eher passive Konsumenten avancieren dadurch zu aktiven Marktteilnehmern und erhalten „durch die neuen Möglichkeiten der Kommunikation und praktisch grenzenloser Informationsverarbeitung eine neue Machtposition."[102] Daraus resultiert wiederum ebenfalls ein gravierender Wandel innerhalb des Entscheidungs- und Kaufprozesses. Die traditionelle Customer Journey wird durch die klassische AIDA-Formel be-

---

[100]  Vgl. Kreutzer (2014), S. 12
[101]  Vgl. Kreutzer (2014), S. 13
[102]  Meffert u.a. (2012), S. 9

schrieben. Das von Lewis entwickelte Modell unterteilt den Kaufentscheidungsprozess in die vier Phasen Aufmerksamkeit (Attention), Interesse (Interest), Kaufwunsch (Desire) und Kauf (Action).[103] Der Konsument wird zum Beispiel durch Werbung auf ein Produkt aufmerksam und der Stimulus löst in ihm ein Interesse aus. Am Point of Sale (POS) kommt der potenzielle Käufer dann zum ersten Mal in körperlicher Form mit dem Produkt in Kontakt. An dieser Stelle wird vom so genannten First-Moment-of-Truth gesprochen (FMOT). Treffen dann die zuvor durch die Werbung aufgebauten Erwartungen zu, entwickelt der Konsument einen Kaufwunsch und am Ende des Prozesses erfolgt möglicherweise ein positiver Abschluss: der Kauf. Bei der erstmaligen Produktnutzung kommt es dann zum Second-Moment-of-Truth (SMOT), in dem der Käufer merkt, ob das Produkt dem Leistungsversprechen und der eigenen Inaugenscheinnahme tatsächlich gerecht wird. Die ursprüngliche Abfolge verlief also vom Stimulus über den FMOT zum SMOT. Im Online-Zeitalter ist das AIDA-Modell in seiner klassischen Form jedoch nicht mehr tragfähig, da es schlicht nicht ausreichend ist. Genauer betrachtet werden der First-Moment-of-Truth und der Second-Moment-of-Truth um den Zero-Moment-of-Truth (ZMOT) erweitert, welcher sich dem ursprünglichen Prozess voranschaltet. Der ZMOT führt laut Kreutzer zu einer „Selbstbedienung in fremder Erfahrung"[104] seitens der Kaufinteressenten. Durch Informationen aus Blogs, Facebook-Kommentaren, Twitter, Pinterest oder anderen Plattformen und Communitys kann der potenzielle Käufer im Vorfeld auf Berichte, Fotos oder Videos von Dritten zugreifen, die dieses Produkt bereits erworben haben. Der ZMOT besteht also aus den Erfahrungsberichten und Bewertungen anderer, die Informationen und Hinweise zum gewünschten Produkt kommunizieren. Aus der jahrelang angewendeten AIDA-Formel geht nun das ASIDAS-Modell hervor, welches die zunehmend kaufrelevanten Aspekte wie die „Informationssuche" (Search) und das „Teilen von Erfahrungsberichten" nach dem Kauftakt (Share) mit einbezieht.

---

[103] Vgl. Kreutzer (2014), S. 30
[104] Kreutzer (2014), S. 31

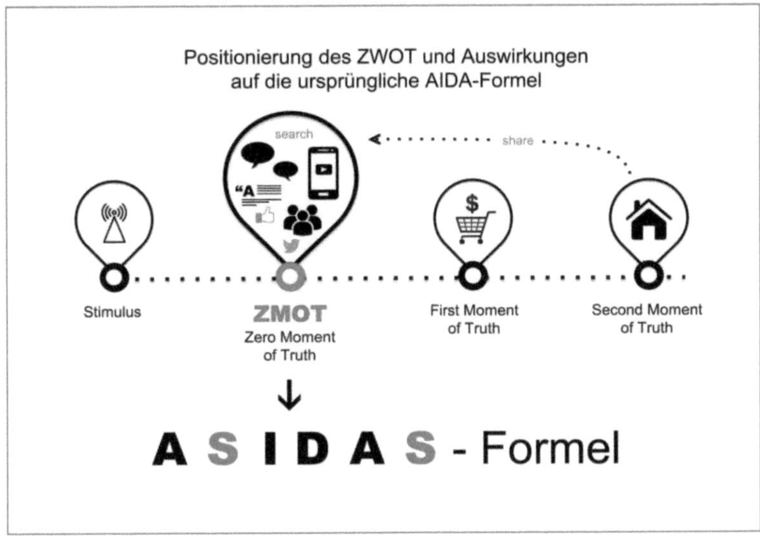


Abbildung 11: Positionierung des ZWOT und Auswirkungen auf
die ursprüngliche AIDA-Formel[105]

Die Abbildung 11 verdeutlicht die Einordnung des ZMOT und die Auswirkungen auf die ursprüngliche AIDA-Formel. „Der Kunde genießt die Wandlung vom Make-and-Sell- zum Sense-and-Response-Konzept, d.h. die bewusste Nutzung des Feedback Kanals um sich selbst in den Mittelpunkt zu stellen."[106] Im Online-Zeitalter ist der User der Maßstab. Der Kommunikationspolitik kommt im Marketing-Mix für den Bereich des Mobile Marketings die größte Bedeutung zu. Ein Großteil der Mobile-Marketingmaßnahmen besitzt einen kommunikationspolitischen Charakter, denn mobile Endgeräte stellen vor allem einen neuen Kommunikationskanal dar, der den interaktiven Dialog mit den Nutzern forciert.[107] Durch stetig steigende Nutzungsraten mobiler Endgeräte seitens der Verbraucher und einer Vielzahl von Möglichkeiten für mobile Werbung wächst die Bedeutung des Kanals stetig.[108]

---

[105]  Vgl. Eigene Darstellung in Anlehnung an Kreutzer (2014), S. 31f.
[106]  Helmke u.a. (2016), S. 101
[107]  Vgl. Kirchner/Scheffel (2012), S. 90
[108]  Vgl. Schneider (2015), S. 47

### 3.2.1.1 Kommunikationsprozesse des Mobile Marketings

Eine vielversprechende Möglichkeit, die Konsumenten zeitgemäß und erfolgreich anzusprechen, bieten die mobilen Kommunikationsinstrumente, die einen Teilbereich des Mobile Marketings darstellen. Mobile Marketingmaßnahmen lassen sich generell in verschiedene Prozesse unterteilen, die unterschiedlichen Strategieansätzen unterliegen. SCHNEIDER beispielsweise differenziert zwischen dem Mobile Direct Response Marketing, dem Mobile Permission Marketing und dem Mobile Advertising.[109] STEIMEL dagegen ergänzt die genannten drei Maßnahmen um die Komponente des Mobile CRMs, das im Folgenden jedoch vernachlässigt wird.[110] Als Hauptmerkmal zur Unterscheidung der drei von SCHNEIDER genannten Aktivitäten gilt die unterschiedliche Einflussnahme des Endverbrauchers. In der Fachliteratur wird in diesem Zusammenhang von der Push- oder der Pull-Strategie des Werbetreibenden gesprochen.[111]

### 3.2.1.1.1 Mobile Direct Response Marketing

Bei dieser Form des Mobile Marketings wird der Rezipient selbst aktiv, um eine Interaktion durchzuführen. Dies geschieht, indem der Nutzer eines mobilen Endgerätes beispielsweise einen QR-Code einscannt oder eine SMS versendet, um an einem Gewinnspiel teilzunehmen.[112] In diesem Fall wird die so genannte Pull-Strategie herangezogen. Ein Vorteil dieser pull-basierten Marketingmaßnahme besteht in der Akzeptanz bei den Nutzern. Da diese nur nach eigener Aufforderung Informationen und Content des Werbetreibenden erhalten, bestimmen sie selbst, ob, an welchem Ort und zu welcher Zeit sie interagieren oder nicht. Die Nutzer nehmen die Möglichkeit der Selektion als sehr hilfreich und positiv war. Aus Unternehmenssicht dagegen können so sehr genau diejenigen Nutzer identifiziert werden, die wirklich Interesse an dem Produkt oder der Dienstleistung zu haben scheinen. Somit kann eine zielgenaue, individuelle Ansprache erfolgen, was unnötige Streuverluste vermeidet. In der Werbepraxis kommen vor allem Offline-Medien wie Fernsehen oder Printwerbung zum Einsatz, um den Content zu transportieren. Damit die Response zudem verstärkt wird, werden häufig Produktpro-

---

[109]  Vgl. Schneider (2015), S. 44f.
[110]  Vgl. Steimel u.a. (2008), S. 82
[111]  Vgl. Kreutzer (2014), S. 325
[112]  Vgl. Schneider (2015), S. 44

ben oder Coupons integriert, die dem Konsumenten einen attraktiven Mehrwert bieten.[113]

### 3.2.1.1.2 Mobile Permission Marketing

Anders als beim Mobile Direct Response Marketing basiert der Ansatz des Mobile Permission Marketings auf der Push-Strategie. Nutzer von mobilen Endgeräten müssen im Vorfeld ausdrücklich ihre Zustimmung geben, um Informationen und Werbung zu erhalten. Diese erfolgt per Opt-in oder Double-Opt-in.[114] Ist die Einwilligung seitens des Nutzers dann jedoch erfolgt, erhält dieser automatisch die pushbasierten Mitteilungen, ohne selbst weiter aktiv zu werden. Die Determinante der vorangehenden Einwilligung stellt aus Unternehmenssicht somit die größte Schwierigkeit dar. Auf der anderen Seite kann mittels funktionierendem Mobile Permission Marketing eine sehr enge und vertrauensvolle Beziehung zu den Kunden aufgebaut werden. Werbetreibende stellen dadurch sicher, dass die Nutzer keine unerwünschten Botschaften erhalten. In der Praxis werden auch bei diesem Ansatz Kurznachrichten in Form von SMS oder Bluetooth und Location Based Services verwendet. Damit Location Based Services jedoch genutzt werden können, bedarf es ebenfalls der Einwilligung des Nutzers. Dieser muss in seinen Smartphone-Einstellungen dazu die Ortungsdienste aktivieren. Anhand der geosensitiven Anwendung werden dann die Standort-Koordinaten über das mobile Endgerät des Nutzers ermittelt. Durch den räumlichen Standortbezug können Vorteile für den Konsumenten resultieren. So könnte der Konsument beispielsweise zweckmäßige Coupons via Push-Nachricht erhalten, sobald er sich in der Nähe eines entsprechenden Point of Sales (POS) befindet. Aufgrund der örtlichen Nähe kostet es wenig Mühe, die Coupons direkt am POS einzulösen.[115] Laut einer Studie des Online-Statistik-Portals STATISTA aus dem Jahr 2013 sind insgesamt 43 Prozent der Nutzer von mobilen Endgeräten bereit, ihren Aufenthaltsort zu verraten – und zwar wenn sie dadurch Informationen zu nahegelegenen Shops, Restaurants oder Kinos erhalten. 30 Prozent zeigen Bereitschaft Mobile Coupons von genannten, nahegelegenen Örtlichkeiten zu bekommen.[116] Die Ergebnisse resultieren aus einer Umfrage unter insgesamt 1.615 Smartphone- und Tablet-Nutzer.

---

[113] Vgl. Steimel u.a. (2008), S. 82
[114] Vgl. Schneider (2015), S. 44
[115] Vgl. Kreutzer (2014), S. 326f.
[116] Vgl. statista.com (2014), [Zugriff 02.12.2016]

Auch die Konsumenten gewöhnen sich also zunehmend an die Medienvielfalt und neuen Angebote. Aufgrund der Informationsflut selektieren sie Botschaften jedoch auch immer intensiver. Werbung, die nicht gewünscht ist oder ohne Zustimmung versand wird, wird einfach „weggefiltert"[117]. Aus diesem Grund stellt das Mobile Permission Marketing einen erfolgversprechenden Ansatz für die Zukunft dar.

### 3.2.1.1.3 Mobile Advertising

Mobile Advertising ist ein Teilbereich des Mobile Marketings und wird synonym für klassische Werbemaßnahmen wie Print-, TV- oder Radiowerbung verwendet. Es umfasst sämtliche Werbeaktivitäten, die über das mobile Endgerät stattfinden.[118] Mobile Advertising kann sowohl eine pull- als auch pushbasierte Ausrichtung besitzen. Darüber hinaus wird in der Praxis zwischen verschiedenen Arten von Mobile Advertising differenziert. Zu diesen gehören beispielsweise: Werbebotschaften über SMS und MMS, Banner- und Display-Werbung, Mobile Pay per Click, Idle-Screen oder Mobile Tagging, Auch Mobile Applications in Form von Mobile Games lasen sich hier einordnen. Den größten Stellenwert besitzen Banner- und Display-Werbung.[119] Da mobile Webseiten nur Platz für ein bis zwei Ad-Banner bieten, generiert diese Werbeform eine hohe Aufmerksamkeit beim Rezipienten. Im Vergleich zu herkömmlichen Online-Bannern sind die Conversion-Rates (CR) auf mobilen Endgeräten bis zu fünfmal höher.[120] Die Conversion-Rate gibt an, wie viele Visits letztendlich zu Käufen geführt haben und stellt somit eine wichtige Messgröße dar. Eine weitere Vergleichsgröße ist die Click-Through-Rate (CRT). Diese beschreibt das Verhältnis zwischen den Klicks und der Häufigkeit der Ausstrahlung der Werbeform. Wird etwa ein Banner 100 Mal angezeigt und insgesamt einmal angeklickt, liegt die CRT bei genau einem Prozent. Bei mobilen Bannern liegt die durchschnittliche Klickrate bei ein bis drei Prozent. Bei Online-Bannern dagegen lediglich bei 0,02 bis 0,05 Prozent.[121] Auch eine Studie von Google aus dem Jahr 2013 belegt die starke Wahrnehmung von mobiler Werbung. Laut den Ergebnissen der Studie nehmen insgesamt 76 Prozent der Smartphone-

---

[117]  Vgl. Silberer u.a. (2002), S. 293
[118]  Vgl. Kirchner/Scheffel (2012), S. 91
[119]  Vgl. Schneider (2015), S. 45
[120]  Vgl. Kirchner/Scheffel (2012), S. 92
[121]  Vgl. Schneider (2015), S. 47

Nutzer in Deutschland mobile Werbung wahr. Die größte Aufmerksamkeit bekommen demnach mobile Anzeigen in einer App (43 Prozent).[122] Die folgende Abbildung 12 verdeutlicht die Wahrnehmung mobiler Anzeigen noch detaillierter:

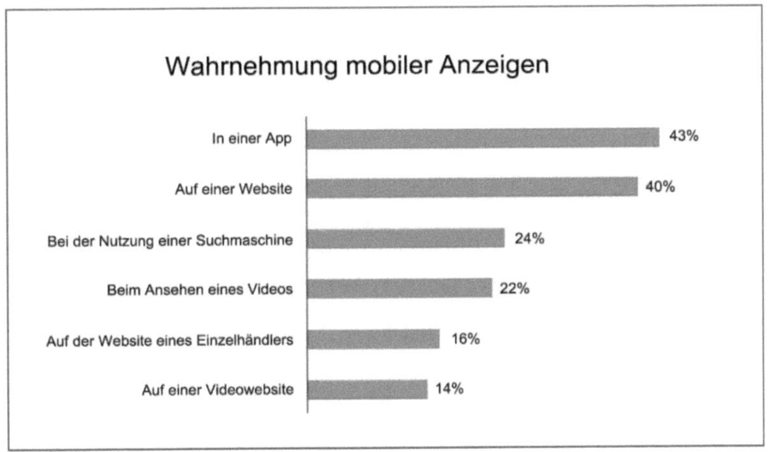


Abbildung 12: Wahrnehmung mobiler Anzeigen[123]

Laut dem Bundesverband für Digitale Wirtschaft (BVDW) e.V. betrug der Nettoumsatz durch Mobile-Display-Werbung in Deutschland im Jahr 2014 134 Millionen Euro, was einer Steigerung von 50 Prozent im Vergleich zum Vorjahr entspricht. Die höchsten Bruttowerbeausgaben im Bereich des Mobile Marketings kann mit 25 Millionen Euro der Kraftfahrzeugmarkt vorweisen. Den zweit- und drittgrößten Anteil am Gesamtumsatz haben Handel (24 Millionen Euro) und die Telekommunikationsbranche (22 Millionen Euro). Einen ausführlichen Überblick über die Top Ten Werbeinvestitionen in Mobile Werbung nach Wirtschaftsbereichen gibt die Abbildung a5 im Anhang.[124] „Das Segment Mobile hat sich erwartungsgemäß sehr positiv entwickelt. Wir gehen davon aus, dass die mobilen Investitionen in Mobile Display Ads, Mobile Apps und Tablet Apps in Deutschland weiter steigen. Man kann heute sagen, dass Mobile Advertising den Durchbruch geschafft hat und inzwischen bei vielen Werbetreibenden fester Bestandteil im

---

[122]  Vgl. Schneider (2015), S. 46

[123]  Vgl. Eigene Darstellung in Anlehnung an Schneider (2015), S. 47

[124]  Vgl. bvdw.org (2015), [Stand 03.01.2015]

Marketing-Mix ist"[125], so die Aussage von OLIVER VON WERSCH bereits im Jahr 2013. VON WERSCH ist Leiter der Unit Mobile Advertising (MAC) der Fachgruppe Mobile im BDVW.[126] Insgesamt ist davon auszugehen, dass die Werbebudgets für Mobile Marketing in den nächsten Jahren weiter steigen.

### 3.2.2 Produktpolitik

Die Produkt- oder auch Programmpolitik stellt neben den anderen drei klassischen Marketinginstrumenten eine der zentralen Parameter im Marketing dar.[127] Die Produktpolitik beinhaltet dabei sämtliche Entscheidungen im Bereich der Angebotsgestaltung sowohl bei Produkten als auch bei Dienstleistungen.[128] Die Kombination aus Produkt und Verpackung soll einerseits die Bedürfnisse der Kunden befriedigen und ihnen andererseits darüber hinaus einen Mehrwert bieten. MEFFERT betont zudem die Besonderheit der Produktpolitik gegenüber den andern Ps, da diese seiner Meinung nach eine „exponierte Stellung"[129] einnimmt. Er betrachtet die dort zu treffenden Entscheidungen als sehr vielfältig, weil sowohl technische als auch marktbezogene Einflussfaktoren berücksichtigt werden müssen. Von Unternehmen angebotene Leistungen bezeichnet er als Problemlöser, die „aus einem Bündel von materiellen und immateriellen Komponenten bestehen."[130] Demzufolge gibt es viele verschiedene Instrumente innerhalb der Produktpolitik. Laut BRUHN zählen die Folgenden dazu: Produktsubstanzgestaltung, Verpackungsgestaltung, Markierung und Namensgebung, Sortimentsgestaltung sowie der Kundendienst.[131] Auch in der Produktpolitik gibt es für Unternehmen viele Möglichkeiten mobile Technologien einzusetzen. Mobile Instrumente wie Mobile Tagging oder Mobile Mobile Couponing können zur Attraktivitätssteigerung eines Produktes dienen. Verpackungsrelevante Merkmale wie Abbildungen oder akustische Reize dagegen können ebenfalls mittels mobiler Ergänzungen unterstützt und verstärkt werden. Der bedeutsamste Nutzen mobiler Instrumente liegt momentan in der Informationsergänzung mittels Mobile Tagging in Form

---

[125]  bvdw.org (2013), [Stand 18.09.2013]
[126]  Vgl. bvdw.org (2013), [Stand 18.09.2013]
[127]  Vgl. Meffert u.a. (2012), S. 385
[128]  Vgl. Schneider (2015), S. 71
[129]  Meffert u.a. (2012), S. 385
[130]  Meffert u.a. (2012), S. 385
[131]  Vgl. Bruhn (2011), S. 45

von QR-Codes. Diese werden in die Produktverpackung integriert und liefern zusätzlichen Input zum Herkunftsland, Haltungsmethoden (bei Tierprodukten) oder Herstellungs- und Mindesthaltbarkeitsdaten.[132] Durch bewusster einkaufende Konsumenten ist die Nachfrage nach Zusatzinformationen groß – gerade in Bezug auf soziale und ökologische Komponenten. Ergebnissen einer Studie von FORRESTER, einem IT-Marktfoschungs- und Beratungsunternehmen, zufolge bevorzugen Verbraucher Ernährungsinformationen und detaillierte Zutatenlisten.[133]

### 3.2.3 Preispolitik

Innerhalb der Preispolitik werden Entscheidungen über die Preis-gestaltung eines Produktes oder einer Dienstleistung getroffen. Das betrifft nicht nur die Höhe des Entgelts des Leistungsangebots sondern auch weitere preispolitische Maßnahmen wie Rabatte und Boni oder Liefer- und Zahlungsbedingungen. Neben dem reinen Preis für ein Leistungsangebot nehmen genannte Aspekte direkt Einfluss auf die Kauf- und Zahlungsbereitschaft der Kunden.[134] Die Integration des Mobile- Marketing-Instruments Location Based Services stellt ein probates Mittel dar, um die Konsumenten über das mobile Endgerät auf Angebote und Rabatte aufmerksam zu machen. So können Werbetreibende Smartphone-Nutzer, die sich in der Nähe des POS aufhalten, gezielt Gutscheine oder Coupons übermitteln. Dies erfolgt in der Regel via SMS oder einer mobilen Applikation. Mit Mobile Couponing besteht einerseits die Möglichkeit, Neukunden zu akquirieren und andererseits kann auch die Bindung der bestehenden Kunden forciert werden. Ein großer Vorteil von mobilen Coupons gegenüber gedruckten Varianten ist die Kostenersparnis. Lediglich Entwicklungskosten entstehen, Druck- und Versankosten dagegen entfallen.[135] Die Fastfood-Kette Kentucky Fried Chicken (KFC) ist in Deutschland einer der Vorreiter in Sachen Mobile Couponing. 2010 konnten sich die Konsumenten die für die Kampagne entwickelte „Coupies App" von KFC downloaden und erhielten dann via Push-Nachricht Coupons sobald sie sich in unmittelbarer Nähe einer KFC-Filiale befanden. Ein weiteres Beispiel sind die mobilen Aktivitäten der EDEKA-Gruppe. Die EDEKA-App von Deutschlands größtem Verbund im Einzelhandel generiert nicht nur durch den Versand mobiler Coupons Mehrwerte

---

[132]  Vgl. Schneider (2015), S. 72
[133]  Vgl. Schneider (2015), S. 72
[134]  Vgl. Schneider (2015), S. 73
[135]  Vgl. Schneider (2015), S. 74

für die App-Nutzer, sondern ermöglicht diesen auch die bargeldlose Zahlung. Hier kommt also das Instrument des Mobile Payments zum Tragen. Die Kunden bezahlen problemlos via Smartphone und die Coupons werden ihnen direkt gutgeschrieben bzw. eingelöst. Eine weitere Vorteilsfunktion der App besteht in der automatischen Speicherung der Kassenbelege.[136] Abschließend lässt sich feststellen, dass Mobile Couponing ein immer beliebteres Mobile-Marketinginstrument wird. Die preispolitischen Maßnahmen sind nicht nur für den stationären Handel oder den Gastrobereich interessant. Vielmehr können branchenübergreifend Nutzenpotentiale entstehen, wie beispielsweise für Friseure oder Bäckereien.[137] Die größte Problematik und Determinante stellen die technischen Ausstattungen der aktuellen Kassensysteme dar. Die in der Praxis größtenteils zum Einsatz kommenden „roten Laser" sind nicht in der Lage Codes oder Coupons von mobilen Endgeräten abzulesen und zu dekodieren.[138] Trotzdem ist davon auszugehen, dass sich die mobilen Coupons durchsetzen, da eine breite Akzeptanz bei den Verbrauchern vorliegt. Dementsprechend wird das Instrument innerhalb der Preispolitik in Unternehmen zum festen Bestandteil.

### 3.2.4 Distributionspolitik

Aufgabe der Distributionspolitik ist die Verteilung aller materiellen oder immateriellen Leistungen vom Hersteller zum Zwischenhändler oder Endverbraucher. Der Aufbau und die Gestaltung eines Vertriebssystems beinhaltet vor allem die Auswahl der Absatzwege, des Standorts und der Logistik. Zudem müssen Entscheidungen hinsichtlich der verwendeten Verkaufstechniken getroffen werden.[139] In Bezug auf Mobile Marketing ist im Bereich der Distributionspolitik die Differenzierung zwischen materiellen und immateriellen Gütern essentiell, da Mobile-Marketinginstrumente nicht physisch zur Verfügung stehen. Bilder, Videos, Filme, Tickets oder mobile Onlineshops sind Mittel zur digitalen Verkaufs- und Informationsförderung. Da somit auch der klassische Transportweg der immateriellen Leistungen entfällt, finden sich Mobile-Marketingmaßnahmen insbesondere am Point of Sale. Ähnlich wie bei der Produktpolitik kommt auch hier häufig das Instrument des Mobile Taggings zum Einsatz. Auch dabei stehen die

---

[136]  Vgl. Schneider (2015), S. 75
[137]  Vgl. Schneider (2015), S. 75
[138]  Vgl. Buettner (2013), [Stand 03.06.2013]
[139]  Vgl. Schneider (2015), S. 76

Generierung von unterhaltenden Zusatzinformationen sowie die Weiterleitung auf die mobile Website im Fokus. Ein anderes Instrument des Mobile Marketings im Bereich der Distributionspolitik stellt das Mobile Ticketing dar. Unternehmen wie die Deutsche Bahn haben das Potential frühzeitig erkannt. So können die Smartphone-Nutzer unter den Kunden via Download und Verwendung der DB Navigator-App ihre Fahrkarten mobil buchen. Das Ticket erscheint dann auf dem Smartphone-Display oder wird per MMS zugeschickt. Die technische Ausstattung der Zugbegleiter ermöglicht es, dass diese die Fahrkarte lediglich einscannen müssen und somit das Ticket ordnungsgemäß entwerten.[140] Eine weitere Möglichkeit besteht in der Steigerung von Impulskäufen seitens der Konsumenten. Die Kopplung von mobilen Transaktionsprozessen mit absatzpolitischen Instrumenten oder klassischen Werbemitteln begünstigen diese. Durch die Übermittlung von orts- und zeitunabhängigen Angeboten inklusive einer Response-Funktion können die Smartphone-Nutzer ohne große Überlegung direkt den Kauf tätigen.[141]

---

[140] Vgl. Schneider (2015), S. 76
[141] Vgl. Kirchner/Scheffel (2012), S. 90

# 4 Das veränderte Mediennutzungsverhalten als Basis für Mobile Marketing

Geänderte Gewohnheiten der Menschen führen gleichzeitig zu einem veränderten Mediennutzungsverhalten. Um diese Entwicklung nachvollziehen zu können, hilft eine genauere Betrachtung der Kommunikation von gestern und heute. Im Allgemeinen beschreibt Kommunikation „die Übertragung und den Austausch von Informationen"[142]. Durch Kommunikation gelangt eine Botschaft von einer Person zur anderen. Unternehmen kommunizieren vornehmlich über Marketing- und PR-Aktivitäten. Die zu vermittelnden Inhalte werden in diesem Zusammenhang als Content bezeichnet. Dieser kann beispielsweise aus Produktinformationen oder Werbung bestehen. Um der Zielgruppe den Content zu vermitteln ist ein Kommunikationskanal (Medium) nötig. An Stelle von persönlichen Gesprächen kommunizieren Unternehmen in der Regel über Medien, die als so genannter „Content-Träger"[143] fungieren. So wird die Sprache ganz simpel durch die Instrumente der Kommunikationskanäle ersetzt. Die heutige Zeit ist durch eine sehr vielfältige Medienlandschaft gekennzeichnet. In der Vergangenheit war die Medienauswahl der Unternehmen auf einige Kanäle beschränkt, aktuell ist das Angebot an Kommunikationskanälen jedoch kaum gänzlich erfassbar. Es ist die dynamische Entwicklung der Online-, Mobile- und Digitalmedien, die letztendlich zu dem geänderten Mediennutzungsverhalten der Konsumenten führt. Eine Studie der Fernsehsender ARD und ZDF belegt, dass sich die mobile Internetnutzung in den vergangenen fünf Jahren fast verfünffacht hat – und das in allen Altersgruppen. Zugleich sinkt das Interesse an Printmedien.[144] Die „altbewährten", bestehenden Medien verschwinden jedoch nicht, vielmehr werden sie weiterentwickelt, um sie der neuen Situation anzupassen. Der ursprüngliche Kommunikations-Mix wird somit schrittweise um weitere Instrumente ergänzt. SCHART und TSCHANZ sehen darin die Grundvoraussetzung für das Entstehen neuer Kommunikationsinstrumente wie Augmented Reality. Durch eine visuelle, interaktive und spielerische User Experience entstehen neue Chancen, die Zielgruppe zeitgemäß anzusprechen und vor allem: diese zu erreichen. Nur wenn die Aufmerksamkeit der Konsumenten erlangt wird, kann die Kommunikation zielführend sein (siehe Kapitel

---

[142] Schart/Tschanz (2015), S. 58
[143] Schart/Tschanz (2015), S. 58
[144] Vgl. Schart/Tschanz (2015), S. 59

3.2.1). Der Aspekt der Aufmerksamkeit ist für Unternehmen daher ein wesentlicher Erfolgsfaktor der Zukunft, da die Rezipienten durch die veränderte Medienlandschaft mit Informationen überflutet werden. Obwohl sich auch das Gehirn des Menschen der neuen Situation anpasst und ankommende Informationen immer schneller verarbeitet, geht trotzdem der Großteil an Content verloren.[145] Nur fünf Prozent der gedruckten Werbung erreicht letztendlich die Rezipienten. Somit entsteht ein Streuverlust von 95 Prozent.[146] Von 6.000 Werbekontakten pro Person und Tag werden ebenfalls nur knapp fünf Prozent wahrgenommen und von denen verbleiben 24 Stunden später lediglich drei im „Relevent Set" des Rezipienten.[147] Bereits 2011 ermittelte die Pingdom-Studie, dass geschäftliche E-Mail-Nutzer am Tag durchschnittlich 112 E-Mails senden oder empfangen und dass insgesamt weltweit mehr als drei Milliarden E-Mail-Accounts existierten. Auch Zahlen und Fakten aus dem Jahr 2014 untermauern diese Informationsflut eindrucksvoll: so wurden in diesem Zeitraum bereits mehr als 500 Millionen Twitter-Tweets pro Tag abgesetzt und täglich mehr als 4 Milliarden Videoaufrufe auf YouTube generiert. Die Konsumenten sind überfordert, woraus ein segmentiertes Mediennutzungsverhalten ihrerseits resultiert.[148] Aus Unternehmenssicht führen genannte Punkte schließlich dazu, dass zwischen den Unternehmen immer mehr ein „Aufmerksamkeitskonkurrenzkampf"[149] in Bezug auf die Konsumenten herrscht. Die Ergebnisse der Studien zeigen darüber hinaus jedoch auch, dass vor allem die digitalen Medien, die den Content online und mobil bereitstellen, von großer Bedeutung und zukunftsweisend sind. Warum ausgerechnet die neuen Medien dazu führen, dass die Konsumenten die Botschaft aufnehmen, ist auf die Art und Weise zurückzuführen, wie die Menschen Content generell wahrnehmen. Entscheidend ist dabei die Reizaufnahme durch die Sinnesorgane. Die Sinne des Menschen werden insgesamt in folgende fünf unterteilt: Sehsinn (visuell), Hörsinn (akustisch), Tastsinn (haptisch), Riechsinn (olfaktorisch) sowie Schmecksinn (gustatorisch). Der Seh- und Hörsinn können als so genannte „höhere Sinne" eingeordnet werden, da sie besonders bedeutungsvoll sind.[150] Mittels Augmented

---

[145]  Vgl. Schart/Tschanz (2015), S. 57

[146]  Vgl. Schart/Tschanz (2015), S. 63

[147]  Vgl. foerderland.de (2014), [Stand 01.09.2014]

[148]  Vgl. Meyer (2014), S. 16

[149]  Schart/Tschanz (2015), S. 61

[150]  Vgl. Schart/Tschanz (2015), S. 61

Reality beispielsweise werden mehrere Sinne gleichzeitig angesprochen, woraus sich viele Vorteile ergeben. Einen weiteren Aspekt stellt die soziale Komponente dar, die immer mehr in den Mittelpunkt der Kommunikation und des Mediennutzungsverhaltens der Konsumenten rückt. Es ist eine neue Bewegung entstanden, die mit der Abkürzung SoLoMo betitelt wird. Die Buchstaben stehen für die Begriffe „Social", „Local" und „Mobile". Soziale Medien, ortsbasierende Anwendungen auf dem Smartphone und ein zunehmender mobiler Internetzugang sind die Ausgangsbasis für diesen Trend.[151] Soziale Netzwerke wie Facebook, Blogs und Foren, Micro-Blogging-Dienste wie etwa Twitter oder Video- und Foto-Sharing-Portale (z.B. Youtube und Instagram) werden zunehmend zur Meinungsäußerung und -bildung genutzt.[152] Darüber hinaus verbreiten sich die geteilten Inhalte, begünstigt durch die große Reichweite des Mediums Internet, weltweit in einem rasanten Tempo. So werden Werbe-Spots oder Produkte durch virale Effekte quasi über Nacht zu weltweiten Hits. Die genannte SoLoMo-Bewegung findet ihre Erklärung auch in den klassischen Grundbedürfnissen der Menschen. Der US-amerikanische Psychologe ABRAHAM MASLOW definierte diese bereits Mitte des 19. Jahrhunderts in der Bedürfnispyramide. Dieses Entwicklungsmodell menschlicher Bedürfnisse findet in der Fachliteratur bis heute große Anerkennung. Ein Blick auf die Bedürfnispyramide von MASLOW verdeutlicht den Zusammenhang zwischen den menschlichen Grundbedürfnissen und der Entstehung der SoLoMo-Bewegung:

---

[151]  Vgl. Helmke u.a. (2016), S. 102
[152]  Vgl. Helmke u.a. (2016), S. 103

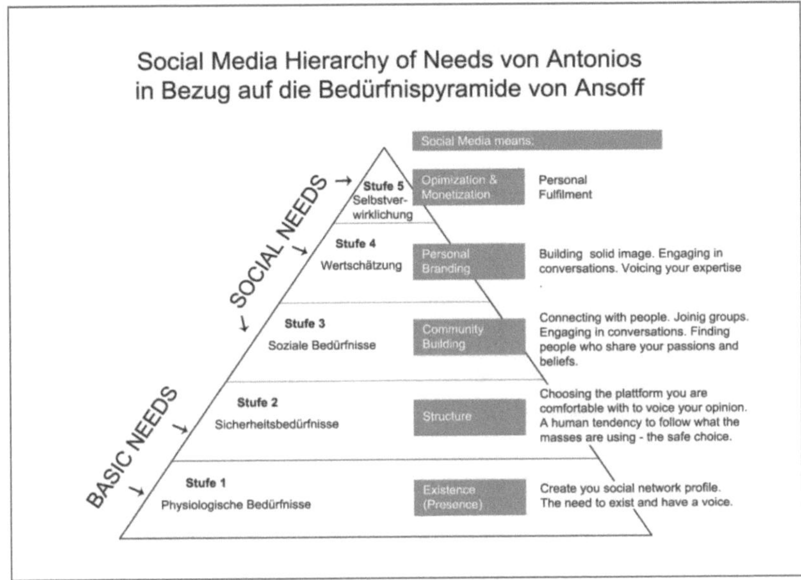


Abbildung 13: Social Media Hierarchy of Needs von John Antonios[153]

Die Abbildung 13 stellt die ursprüngliche Bedürfnispyramide nach MASLOW dar, welche zusätzlich um die Social Media Hierarchien ergänzt ist. Die hinzugefügten Bezeichnungen sind auf JOHN ANTONIOS zurückzuführen.[154] MASLOW klassifizierte die ursprünglichen Ebenen von unten nach oben wie folgt: Die erste Stufe stellt die psychologischen Bedürfnisse dar. Stufe zwei beinhaltet die Sicherheitsbedürfnisse, soziale Bedürfnisse prägen die Stufe drei, Stufe vier basiert auf der Wertschätzung und die fünfte und letzte Stufe stellt die Selbstverwirklichung dar. Von Stufe drei bis Stufe fünf greifen die so genannten „Social Needs" laut ANTONIOS. Von dort an stillt Social Media die definierten Grundbedürfnisse in Form von sozialen Bedürfnissen, Individualisierungsbedürfnissen und den Bedürfnissen nach Selbstverwirklichung.[155] ANTONIOS Zuordnung beginnt auf der ersten Stufe mit der Existence. Stufe zwei benennt er als Structure. Community Building sowie Personal Branding heißen die Ebenen drei und vier und die abschließende Stufe fünf ist durch die beiden Begriffe Optimization und Monetization gekennzeichnet. Dieses

---

[153]  Vgl. Eigene Darstellung in Anlehnung an Helmke (2016), S. 102

[154]  Vgl. Helmke u.a. (2016), S. 101f.

[155]  Vgl. Helmke u.a. (2016), S. 101

Konstrukt funktioniert in der Praxis und kann ebenfalls den Unternehmen dienen. Denn soziale Netzwerke gelten als vertrauenswürdige Quellen und die Konsumenten informieren sich dort. Kunden sind begeistert von Produkten und werden gar zu Fans. Diese wiederum werden auf genannten Plattformen zu wichtigen Markenbotschaftern für die Unternehmen. Soziale Netzwerke erzeugen Nähe, denn die Produkte werden im alltäglichen Umfeld der User eventuell sogar bei Freunden und Bekannten angezeigt. Auch das steigert die Glaubwürdigkeit und erhöht die Präsenz im Umfeld des Nutzers. Die Kontakthäufigkeit mit der Marke bzw. dem Produkt wird so automatisch erhöht. Doch auch soziokulturelle Entwicklungen wie der Zerfall der Familienstrukturen beeinflussen die Relevanz von sozialen Netzwerken für Konsumenten. Die Entwicklung von der einstigen Großfamilie über die Kleinfamilie bis zu Alleinerziehenden und Singles schreitet weiter voran. Dementsprechend nimmt die Bedeutung der Familie und von Familienmitgliedern als solches für Konsumentscheidungen kontinuierlich ab, während Einflüsse von anderen Bezugsgruppen wie Freundeskreise und Arbeitskollegen dagegen zunehmen.[156]

## 4.1 Folgen und Auswirkungen der Digitalisierung

Die Digitalisierung hat weltweit zu einer gravierenden Veränderung der Märkte geführt und das branchenübergreifend. Dementsprechend haben sich auch die Konsumenten mit rasantem Tempo auf die neuen Technologien eingestellt. Die analoge Fotografie wurde durch die digitale ersetzt, CD-Player und MP3-Player gehören dank der Streaming-Dienste bereits wieder der Vergangenheit an. Von Mobilfunkgeräten über Tablet-Computer inklusive Anwendungen in Form von Apps bis zu der Interaktion in sozialen Medien, die technologischen Fortschritte schreiten rapide voran.[157] Der digitale Wandel ist allumfassend und verändert sowohl die Märkte und Menschen als auch die Umwelt und die Gesellschaft.[158] „Technologien wie Social Media und Cloud Computing zwingen Unternehmen, ihre Geschäftsmodelle grundlegend zu überdenken. Gleichzeitig ermöglichen sie Innovationen, die einerseits gute Wachstumschancen bieten, andererseits aber auch zur Bedrohung für traditionelle Geschäftsmodelle werden können"[159], warnt

---

[156] Vgl. wpgs.de (2016a), [Zugriff 15.11.2016]
[157] Vgl. Binckebanck/Elste (2016), S. 8
[158] Vgl. pwc.de (2016), [Zugriff 14.11.2016]
[159] pwc.de (2016), [Zugriff 14.11.2016]

PwC-Experte MICHAEL RASCH. Besonders gravierend trifft die Digitalisierung den Einzelhandel. In den Jahren von 2002 bis 2012 ist die Zahl der Einzelhandelsunternehmen um 12 Prozent gesunken. Traditionelle Kaufhausketten wie Galeria Kaufhof und Karstadt haben alleine in den fünf Jahren von 2008 bis 2013 insgesamt 21 Prozent weniger Umsatz erwirtschaftet. Grund ist die starke Zunahme des E-Commerce.[160] Laut dem Handelsverband Deutschland (HDE) lagen die Umsätze im Bereich E-Commerce 2015 bei knapp über 40 Milliarden Euro und für das Jahr 2016 werden 44 Milliarden Euro Umsatz prognostiziert (siehe Abbildung a6 im Anhang).[161] Den größten Anteil am Online-Umsatz besitzen demnach Computer- und Computerzubehör sowie Musik, Filme und Speichermedien mit 41 Prozent, gefolgt von Spielwaren (34 Prozent) und Fotoartikeln (30 Prozent).[162] Online-Anbieter wie Amazon, Zalando oder Otto dagegen profitieren zunehmend von der Veränderung des Einkaufverhaltens der Konsumenten. Amazon beispielsweise konnte die Umsätze in den letzten Jahren gar verdreifachen. Im Geschäftsjahr 2015 betrug der Umsatz des in Seattle beheimateten Versandhändlers 107 Milliarden US-Dollar, von denen fast 12 Milliarden ausschließlich in Deutschland erwirtschaftet wurden.[163] Laut einer Studie der bereits erwähnten Unternehmensberatung KANTAR MILLWARD BROWN ist Amazon 2016 das wachstumsstärkste Unternehmen, da es seinen Markenwert um 59 Prozent steigern konnte.[164] Durch die Verschiebung der Vertriebskanäle kommt es zeitgleich zu Veränderungen innerhalb der Distribution. So stieg das Paketvolumen zwischen 2009 und 2013 auf mehr als zwei Milliarden Sendungen an, was einem Anstieg von knapp 20 Prozent entspricht.[165] Eine Entwicklung, die beispielsweise auch für die Logistik große Herausforderungen impliziert.

### 4.1.1 Smartphone Nutzung

Die stark steigende Anzahl internetfähiger Endgeräte in Form von Smartphones, Laptops, Tablet-PCs, Smartwatches und Wearables ist wegweisend für die Entwicklung des Mobile Marketings. In Deutschland werden weitaus mehr Smart-

---

160 Vgl. Binckebanck/Elste (2016), S. 8
161 Vgl. einzelhandel.de (2016a), [Zugriff 14.11.2016]
162 Vgl. einzelhandel.de (2016b), [Stand 14.08.2016]
163 Vgl. statista.com (2016c), [Zugriff 14.11.2016]
164 Vgl. Millward Brown (2016), [Stand 08.06.2016]
165 Vgl. Binckebanck/Elste (2016), S. 8

phones als Standard-Mobiltelefone verkauft – Tendenz weiter steigend.[166] Der Markt für herkömmliche Handys dagegen bricht ein (siehe Abbildung a6 im Anhang).[167] Laut einer repräsentativen Umfrage des Digitalverbands Bitkom e.V. nutzen bereits sechs von zehn Bundesbürgern ab 14 Jahren ein Smartphone, was knapp 44 Millionen Menschen entspricht. 93 Prozent davon surfen mit ihrem Smartphone im Internet. Die Umfrage wurde im Januar 2015 in Zusammenarbeit mit Aris Umfrageforschung durchgeführt. Dazu wurden insgesamt 1.013 Personen befragt, von denen 642 ein Smartphone nutzen.[168] Die Ergebnisse einer vom Bundesverband Digitale Wirtschaft (BVDW) e.V. veröffentlichten Studie zum Thema „Faszination Mobile – Verbreitung, Nutzungsmuster und Trends" belegen außerdem, das 60 Prozent der Männer und 40 Prozent der Frauen durch die Nutzung des Smartphone häufiger online sind.[169] Der Studienband ist vom BVDW in Kooperation mit Google und TNS Infratest durchgeführt worden. Neben den steigenden Verkaufszahlen der Hardware steigt also auch die Zahl der Konsumenten, die Online-Angebote über einen mobilen Zugang nutzen. 75 Prozent der Deutschen haben ihr Handy immer dabei.[170] Infolgedessen, dass immer mehr Smartphone Nutzer „always on" sind, steigt auch die Nachfrage nach mobilen Angeboten und Anwendungen. 2012 wurden weltweit insgesamt 60 Milliarden Apps heruntergeladen[171], 2015 betrug die Zahl bereits 180 Milliarden.[172] Damit haben sich die Downloadzahlen der mobilen Applikationen innerhalb von nur drei Jahren verdreifacht. Bis 2016 wird indes sogar mit einer Versechsfachung der weltweiten App-Downloads gerechnet.[173] Die folgende Abbildung 14 stellt die App-Downloadzahlen grafisch dar:

---

[166] Vgl. Kreutzer (2014), S. 321

[167] Vgl. Schulte-Bockum (2015), [Stand 23.02.2015]

[168] Vgl. bitkom.org (2015a), [Zugriff 22.05.2015]

[169] Vgl. BVDW-Report (2016), [Zugriff 06.12.2016]

[170] Vgl. bitkom.org (2013), [Stand 06.09.2013]

[171] Vgl. Kreutzer (2014), S. 328

[172] Vgl. Ramisch (2016), [Stand 26.01.2016]

[173] Vgl. Kreutzer (2014), S. 328

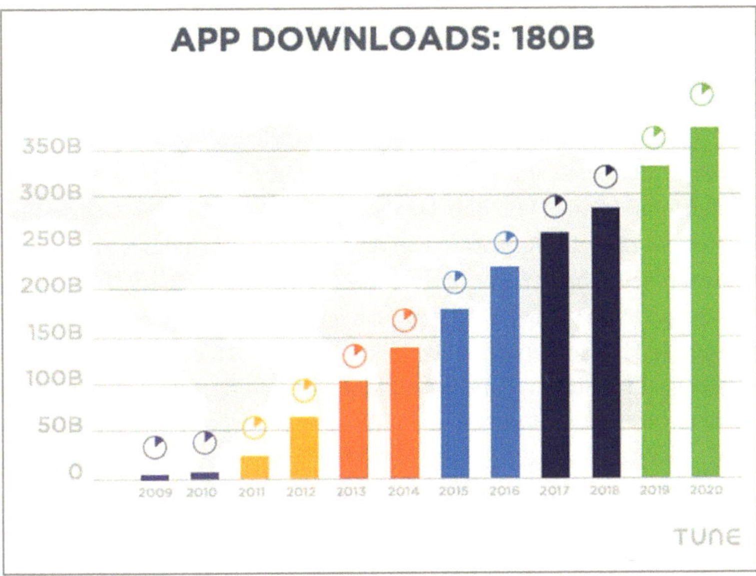


Abbildung 14: App Downloads: 180B[174]

Die mobilen Anwendungen bieten dem Nutzer häufig einen Mehrwert, was ein Indiz für die inflationäre Verbreitung ist. Mittels Apps kann die ursprüngliche Funktionalität des mobilen Endgeräts schließlich um ein Vielfaches gesteigert werden. Durch das vielfältige App-Angebot ersetzt das Smartphone mittlerweile viele Alltagsgeräte wie beispielsweise den Wecker oder die Digitalkamera. Während das Smartphone für Konsumenten zum „digitalen Alleskönner"[175] avanciert wird es auch für Unternehmen zu einem immer bedeutenderen Zugangskanal zu den unterschiedlichen Zielgruppen und somit zu einem wichtigen Marketinginstrument.[176]

---

[174]  Vgl. Ramisch (2016), [Stand 26.01.2016]

[175]  bitkom.org (2015b), [Stand 25.03.2015]

[176]  Vgl. Kreutzer (2014), S. 322

### 4.1.2 Mobile Applikationen

Der Terminus „App" ist ein Kurzwort für den englischen Begriff 'application', was im Deutschen so viel wie Anwendungssoftware bedeutet.[177] Die Applikationen dienen hauptsächlich zu Informations- und Unterhaltungszwecken. In den jeweiligen Online-Stores der unterschiedlichen Betriebssystemanbieter sind die Apps positioniert und können von dort heruntergeladen werden. Der Google Play Store für Android-Geräte, der App Store von Apple oder der Windows Phone Store sind Beispiele dafür. Die beiden mit Abstand größten Stores sind der Google Play Store sowie der App Store, wobei Google mit einem nahezu viermal so großen Marktanteil wie Apple klar dominierend ist.[178] Im August 2016 standen dem Konsumenten im Google Play Store rund 2,36 Millionen und im App Store knapp 2 Millionen verschiedenen Apps zur Verfügung.[179] Alleine im App Store von Apple wurden bis Juni 2016 weltweit insgesamt 140 Milliarden Apps heruntergeladen. Zum gleichen Zeitpunkt waren es im Jahr 2013 dagegen mit 60 Milliarden noch weniger als die Hälfte.[180] Eigenen Angaben zufolge hat das amerikanische Unternehmen bereits 2015 mit dem Verkauf von Apps über 20 Milliarden US-Dollar erwirtschaftet. Obwohl Android-Nutzer doppelt so viele Apps downloaden, sind die erzielten Umsätze 75 Prozent niedriger als beim Konkurrenten Apple.[181] Laut des „Usage-Rankings" von SimilarWeb sind WhatsApp Messenger, Facebook und Youtube im August 2016 die drei beliebtesten Android-Apps in Deutschland.[182]

### 4.1.3 Mobile Endgeräte

Die mobilen Endgeräte stellen die Hardware-Systeme dar, die nötig sind, um die App-Software zu verwenden. Zu den mobilen Endgeräten gehören beispielsweise Mobilfunktelefone, Tablet-Computer, Laptops, Netbooks oder tragbare MP3-Player. Die Abbildung a7 im Anhang nennt Beispiele für mobile Endgeräte und verdeutlicht zudem die Unterschiede zwischen der Soft- und Hardware. Es gibt drei wesentliche Grundeigenschaften, die ein mobiles Endgerät aufweisen muss. Diese sind: Lokalisierbarkeit, Erreichbarkeit und Ortsunabhängigkeit (Ubiqui-

---

[177] Vgl. Koppay (2012), S. 17

[178] Vgl. googlewatchblog.de (2016), [Stand 02.11.2016]

[179] Vgl. statista.com (2016d), [Zugriff 09.12.2016]

[180] Vgl. statista.com (2016d), [Zugriff 09.12.2016]

[181] Vgl. Becker (2016), [Stand 20.07.2016]

[182] Vgl. Schröder (2016), [Stand 11.08.2016]

tät).[183] Die folgende Abbildung 15 klassifiziert die einzelnen mobilen Endgeräte gemäß genannter Grundeigenschaften:

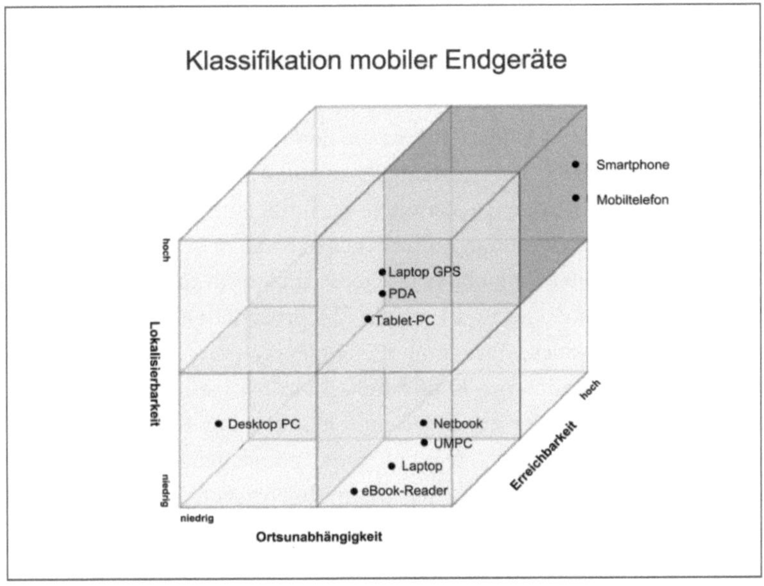


Abbildung 15: Klassifikation mobiler Endgeräte[184]

Obwohl die Abbildung 15 den mobilen Endgeräten auch Notebooks, Netbooks und Laptops zuordnet, sind diese im Kontext mit Mobile Marketing zu vernachlässigen. Dadurch, dass sie im Umfeld des Konsumenten nicht ununterbrochen präsent sind, erfüllen sie nicht die Eigenschaft des ständigen Begleiters, die letztendlich dazu führt, dass die Nutzer „always on" sind. Das Charakteristikum der allgegenwärtigen Vernetzung kommt dort somit nicht zum Tragen.[185] Die in den Online-Stores der jeweiligen Anbieter platzierten Apps können recht einfach heruntergeladen und auf den mobilen Endgeräten installiert werden. Als Grund für den App-Boom ist hauptsächlich die Entwicklung des Smartphones als Hardware-System zu erwähnen. Im Jahr 2017 sollen laut einer Studie der europäischen Kommission insgesamt schon 3,7 Milliarden Menschen mit einem Smartphone

---


[183]  Vgl. Meyer (2014), S. 36

[184]  Vgl. Eigene Darstellung in Anlehnung an Kirchner/Scheffel (2012), S. 68

[185]  Vgl. Meyer (2014), S. 37

ausgestattet sein.[186] Sollte diese Vorhersage zutreffen und geht man im Jahr 2017 von einer weltweiten Bevölkerungszahl von ca. 7,3 Milliarden Menschen aus[187], bedeutet dies, dass ca. 50 Prozent der gesamten Weltbevölkerung im Besitz eines Smartphones wären. Zahlen, die das Potenzial des Marktes beachtlich unterstreichen. Im Jahr 2015 wenden in Deutschland bereits sechs von zehn Bundesbürgern ab 14 Jahren ein Smartphone an, was einer Anzahl von 44 Millionen entspricht. Darüber hinaus laden 74 Prozent der Nutzer zusätzliche Apps auf ihr Smartphone und nutzen diese regelmäßig (siehe Abbildung a8 im Anhang). Mittels der mobilen Anwendungsprogramme wird die Funktionalität des Smartphones so um ein Vielfaches erhöht. Außerdem setzt sich neben dem Smartphone zusätzlich auch das Tablet als mobiles Endgerät am Markt durch. Laut BITKOM nutzt sogar jeder dritte Deutsche ab 14 Jahren (34 Prozent) eines der flachen Touchpads.[188] Auffällig ist auch, dass immer mehr Personen verschiedene Endgeräte nutzen. Insgesamt werden pro Kopf durchschnittlich mehr als zwei mobile Endgeräte verwendet. Laut der zuvor genannten Studie des BVDW nutzen sogar 14 Prozent der Endgerätenutzer sowohl ein Smartphone als auch ein Tablet und zudem einen PC. Somit verwendete die Gesamtbevölkerung in Deutschland schon 2014 im Durchschnitt 2,4 internetfähige Endgeräte.[189] Die folgende Abbildung 16 „Allgemeine Endgerätenutzung" zeigt die prozentuale Entwicklung der Nutzung mobiler Endgeräte im Zeitraum von 2011 bis 2014 auf.

---

[186]  Vgl. ec.europa.eu (2015), [Stand 10.04.2014]
[187]  Vgl. census.gov (2015), [Stand 22.05.2015]
[188]  Vgl. bitkom.org (2014), [Stand 24.08.2014]
[189]  Vgl. BVDW-Report (2016), [Zugriff 06.12.2016], S. 6

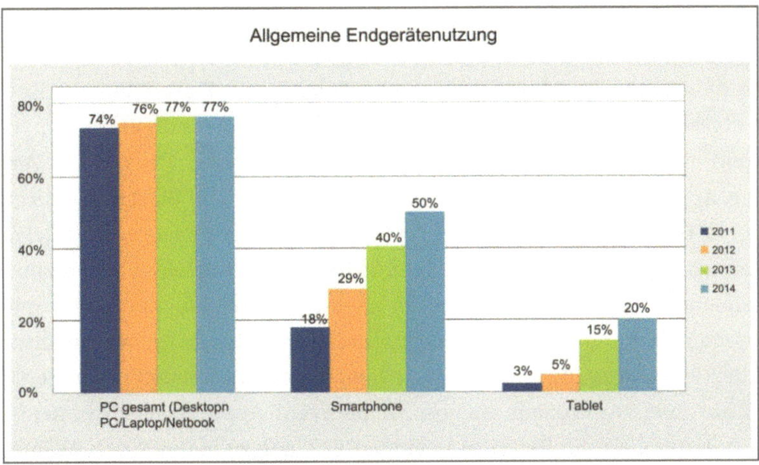


Abbildung 16: Allgemeine Endgerätenutzung[190]

Während sich die PC-Nutzung stetig auf einem hohen Niveau befindet (77 Prozent im Jahr 2014) können mobile Endgeräte wie das Smartphone und der Tablet-PC höhere Wachstumsraten vorweisen. Insbesondere die Zunahme der Smartphonenutzung von 18 Prozent im Jahr 2011 auf 50 Prozent im Jahr 2014 verdeutlicht dies. In Bezug auf die Verteilung im Bereich der PCs ist jedoch kritisch anzumerken, dass auch stationäre Desktop-Computer mit inbegriffen sind, obwohl diese ja im engeren Sinn eigentlich nicht als mobile Endgeräte gelten.

### 4.1.4 Mobile Betriebssysteme

Das mobile Betriebssystem stellt, neben dem mobilen Endgerät, die zweite essenzielle Komponente für eine App-fähige Plattform dar. Wie bereits erwähnt, gibt es auch hier verschiedene Anbieter. Die vier bekanntesten sind Android, iOS, Windows Phone sowie Windows Mobile und Blackbery OS.[191] Das jeweilige Betriebssystem dient einerseits als Schnittstelle sowohl für Nutzer als auch für Programmierer und andererseits zur Verwaltung der für das Endgerät spezifischen Charakteristika. Der weltweite Marktführer ist Google mit dem Betriebssystem Android, das auch in Deutschland mit 80,7 Prozent eindeutig den größten Marktanteil im Bereich der Smartphone-Betriebssysteme besitzt. Weitere nicht zu ver

---

[190]  Vgl. BVDW-Report (2016), [Zugriff 06.12.2016], S. 4
[191]  Vgl. test.de (2016), [Stand 23.11.2016]

nachlässigende Anbieter im Bundesgebiet sind Apple (17,7 Prozent), Windows Phone mit dem Windows Store (1,1 Prozent) oder BlackberryOS mit dem Blackberry World Store (0,91 Prozent) (siehe Anhang a3).[192] Auffällig ist, dass Apple und Blackberry jeweils nur eigene Smartphones im Portfolio haben, während Android und Windows ihr Betriebssystem auch anderen Marken zur Verfügung stellen. Apples iOS läuft demnach nur auf dem iPhone und Blackberry OS ist lediglich dem Blackberry vorbehalten. Android und Google dagegen bestücken auch weitere Marken wie Huawai, HTC, LG und Motorola, um stellvertretend nur einige zu nennen.[193] Diese verschiedenen Herangehensweisen könnten insbesondere für den hohen Marktanteil des Weltmarktführers Android ein Erklärungsansatz sein. Und der Trend setzt sich fort. Android konnte den Marktanteil im letzten Quartal 2015 auf über 80 Prozent steigern, Konkurrent Apple dagegen hatte mit dem iPhone erstmalig nach Einführung einen Rückgang zu verzeichnen. Während das Google-Betriebssystem im letzten Quartal 2015 auf insgesamt 325,4 Millionen abgesetzten Smartphones lief, wurde das iPhone mit iOS in diesem Zeitraum lediglich 71,5 Millionen Mal verkauft.[194] Schätzungen von STATISTA zufolge wird Google seinen Marktanteil mit Android bis 2020 auf 85,6 Prozent erhöhen, Apple's Anteil dagegen wird auf 14,2 Prozent schrumpfen.[195]

---

[192]  Vgl. Beiersmann (2016), [Stand 19.02.2016]
[193]  Vgl. test.de (2016), [Stand 23.11.2016]
[194]  Vgl. Beiersmann (2016), [Stand 19.02.2016]
[195]  Vgl. statista.com (2016e), [Zugriff 06.12.2016]

Abbildung 17: Betriebssysteme und die dazugehörigen Stores[196]

Die obenstehende Abbildung 17 veranschaulicht noch einmal die wichtigsten Betriebssysteme sowie die dazugehörigen Stores von unterschiedlichen Anbietern.

## 4.2 Bedeutung von Mobile Commerce

Die Digitalisierung führt auch zu einer Verschiebung innerhalb der Vertriebswege (siehe Kapitel 4.1). Neben dem herrschenden E-Commerce ist eine zweite Form des Online-Handels entstanden: der Mobile Commerce (M-Commerce). Diese Form stellt eine besondere Form des Electronic Commerce dar. Begünstigt durch die hohe Smartphone-Nutzung seitens der Konsumenten gewinnt M-Commerce immer mehr an Bedeutung. Beim M-Commerce kommen mobile Endgeräte zum Einsatz, „[...] um die Anbahnung, Abwicklung und Aufrechterhaltung von Leistungsaustauschprozessen mittels Mobilfunknetzen und mobiler Zugangsgeräte teilweise oder vollständig zu unterstützen."[197] Zur Durchführung des M-Commerce dienen dem Konsumenten primär das Smartphone oder der Tablet-Computer. Dabei ist jedoch zu beachten, dass die Art des Endgerätes signifikante Auswirkungen auf das Kaufverhalten hat.[198] Die Basis des M-Commerce stellen einerseits die Entwicklung der Datenübertragungsstandards UMTS sowie aktuell

---

[196]  Vgl. Eigene Darstellung
[197]  Haase (2015), S. 18
[198]  Vgl. Haase (2015), S. 18

die LTE-Technologie (siehe Kapitel 2.3) und andererseits das Aufkommen bedienungsfreundlicher, mobiler Endgeräte dar (siehe Kapitel 2).[199] Laut KARINA SPRONK, Leiterin Partner Management Deutschland bei Retailmenot, ist der mobile Handel bereits der treibende Motor des deutschen E-Commerce.[200] „Gut jeder zweite deutsche Online-Shopper, und damit mehr als jeder vierte Bundesbürger, hat im vergangenen Jahr etwas über mobile Endgeräte eingekauft. Diese beeindruckende und international führende Quote zeigt, dass sich das Smartphone über seine Funktion als treuer Shopping-Begleiter und Recherche-Tool hinaus, unter deutschen Verbrauchern auch als Einkaufskanal etabliert hat."[201] Aufgrund der bereits genannten, aktuellen Entwicklungen hat M-Commerce das Potential zu einem wesentlichen Erfolgsfaktor der Zukunft im Business-to-Consumer-Onlinehandel zu werden.[202] Dementsprechend sollten sich auch Unternehmen mit diesem Distributionskanal beschäftigen.

---

[199]  Vgl. Haase (2015), S. 19
[200]  Vgl. retailmenot.de (2016), [Stand 23.02.2016]
[201]  retailmenot (2016), [Stand 23.02.2016]
[202]  Vgl. Haase (2015), S. 19

# 5 Augmented Reality als Mittel zur neuartigen Konsumentenansprache

Der Beginn der reinen Augmented Reality-Technologie geht bereits bis in die 1960er Jahre zurück. Die mobile Form von AR dagegen ist noch recht jung. Als Meilenstein für die Massenmarkttauglichkeit von AR gilt die Markteinführung des iPhones 3Gs im Jahr 2009. Mittels Augmented Reality besteht die Möglichkeit, die Konsumenten neuartig anzusprechen und somit ihre Aufmerksamkeit zu erlangen. Neben dem Seh- und dem Hörsinn erfolgt die Ansprache über einen weiteren Sinn: den Tastsinn (siehe Kapitel 4). Der Tastsinn wird dabei noch einmal in taktiles und haptisches Wahrnehmen unterteilt. „Das Zusammenspiel von taktilem und haptischem Wahrnehmen dient einerseits dem Erkunden und ist andererseits Voraussetzung für das Handhaben von Gegenständen".[203] Augmented Reality kann entweder über einen AR Browser oder über eine AR App genutzt werden. Egal welche Variante zum Einsatz kommt, für die Technologie müssen einige grundlegenden Voraussetzungen erfüllt sein. So bedarf es beispielsweise einer aufnahmefähigen Kamera, eines Prozessors zur Berechnung, Sensoren zur Orientierung, einer Software und einem Display zur Darstellung der Inhalte. Des Weiteren benötigen manche Anwendungen Sensoren zur Positionsbestimmung (GPS) oder Trackingmotive, die zur Marker- und Bilderkennung dienen. Die folgende Abbildung 18 fasst die genannten Aspekte noch einmal zusammen:

---

[203] Schart/Tschanz (2015), S. 65

**Voraussetzungen für Augmented Reality**

- Kamera für die Aufnahme der Realität
- Prozessor zur Berechnung der Eingabe und Ausgabe
- Sensoren zur Orientierung (Beschleunigungsmesser, Gyroskop)
- Software (Anwendung / App) für Logik und Inhalte
- Display zur Darstellung der Augmented Reality

*Wird meistens auch benötigt:*

- Sensor zur Positionsbestimmung (GPS)
- Trackingmotiv als Marker (Marker- oder Bilderkennung)

Abbildung 18 Voraussetzungen für Augmented Reality

Mittels eines AR Browsers werden dem Nutzer dann Zusatzinformationen in das Kamerabild eingeblendet. Aktuell gibt es in der Praxis hauptsächlich Anwendungen für die beiden am häufigsten genutzten Betriebssysteme iOS und Android (siehe Kapitel 4.1.4). Bei den anderen Systemen gibt es teilweise technische Mängel oder die Anbieter sehen die Relevanz aufgrund eines derzeit zu niedrigen Marktanteils als zu gering an.[204] Je nachdem, welche Bedeutung AR in der Zukunft für Konsumenten hat, ist davon auszugehen, dass bei einer positiven Entwicklung sich auch weitere Anbieter die Technologie zu Nutze machen werden. Seit 2008 gibt es die ersten AR Browser auf dem Markt. Zu den bis dato bedeutsamsten Apps gehören Wikitude, Layar, junaio, aurasma oder blippar. In der Regel besitzen die Browser ein Verlinkungssystem, welches zugleich auf die Inhalte der Developer und Endverbraucher zugreift.[205] Bei der Funktionsweise von AR-Browsern wird zwischen zwei verschiedenen Arten differenziert, die entweder einzeln oder im Zusammenspiel eingesetzt werden. Unterschieden wird zwischen der Marker- bzw. Bilderkennung und den standortbezogenen Location Based Services (LSB). Bei der Funktion mittels Marker erkennt der Browser die zuvor festgelegten Tra-

---

[204] Vgl. augmented-minds.com (2016), [Zugriff 10.12.2016]
[205] Vgl. augmented-minds.com (2016), [Zugriff 10.12.2016]

ckingmotive durch die Marker- oder Bilderkennung. Wird ein solcher Marker oder das Bild erfasst, entwickelt der AR Browser eine realitätsgetreue, dreidimensionale Szene, die exakt am Sichtwinkel des Benutzers ausgerichtet ist. Bei Location Based Services dagegen werden dem User standortbezogene Informationen angezeigt. Mittels dem Global Positioning System (GPS) wird die genaue Position des Benutzers ausfindig gemacht und die passenden Inhalte dann geladen. Diese können sich beispielweise auf Gebäude oder Sehenswürdigkeiten beziehen oder aber auch das bestehende Bild um andere dreidimensionale Inhalte und Animationen erweitern.[206] Im Vergleich zu einer AR-App ist die Entwicklung eines Browsers günstiger und durch die Nutzung vieler verschiedener Kundenunternehmen steigt der Bekanntheitsgrad schneller an. Eine AR-App hat dagegen den Vorteil, dass eigene individuelle und eventuell sogar innovative Lösungen entstehen können, die einen entscheidenden Wettbewerbsvorteil generieren. Auch die Benutzerführung ist gegebenenfalls einfacher und zudem bestehen uneingeschränkte Brandingmöglichkeiten. Darüber hinaus ist die Servererreichbarkeit in der Regel größer, da eine eigene App unabhängig von anderen ist. Bei der Nutzung eines AR-Browsers ist das Unternehmen eines von vielen und somit stark von dem Browser abhängig.[207] Augmented Reality Apps gibt es mittlerweile in diversen Bereichen. Sie dienen der Navigation im Auto, zur Unterhaltung in Form von Spielen oder sie stellen interaktive Bedienungsanleitungen dar, die zur Veranschaulichung um Zusatzinformationen und Videos erweitert werden.

## 5.1 Definition und Abgrenzung von Augmented Reality

AR erweitert die reale Umgebung der Nutzer, indem dort existierende Objekte durch virtuelle Inhalte bereichert werden. Digitale Informationen, interaktive Elemente oder Animationen werden per Kameratechnik im realen Umfeld platziert und dort integriert. Richtet man die Kamera seines Smartphones auf ein Bild oder einen so genannten „Marker", erhält man auf seinem Display beispielsweise Zuatzinformationen. Eine maßstabsgetreue, lagegerechte Darstellung in Echtzeit führt dabei zu einer realistischen Aufmachung. Die bestehende reale Welt und die virtuelle Realität verschwimmen. Diese Überlagerung verschiedener Realitäten wird durch den Terminus der „Mixed Reality" beschrieben. Wichtig ist in diesem

---

[206]  Vgl. augmented-minds.com (2016), [Zugriff 10.12.2016]
[207]  Vgl. augmented-minds.com (2016), [Zugriff 10.12.2016]

Zusammenhang zu betonen, dass durch AR nicht die „wirkliche Realität" angereichert wird. Vielmehr wird das Abbild der Umgebung des Benutzers durch eine Medien-Technologie ergänzt.[208] Die Quintessenz von SCHART und TSCHANZ dazu lautet: „Augmented Reality beschreibt also eher eine Illusion, welche durch die Anwendung der Technologie erzeugt wird."[209] Laut ROHS dagegen beschreibt der Satz: „Ich sehe etwas, was du nicht siehst!", genau die Funktionsweise von AR.[210] In der Literatur gibt es für die AR Technik bisher allerdings keine einheitliche Definition. SCHART und TSCHANZ definieren AR daher wie folgt: „Augmented Reality ist die Schnittstelle zur Erweiterung der Realität sowie bestehender Medien mit virtuellen Objekten, digitalen Inhalten und ortsbezogenen Informationen – mit dem Ziel, Interaktion zu schaffen, die Informationsaufnahme zu erleichtern und aktive Wahrnehmung bei gesteigerter Verweildauer zu fördern."[211] Diese Definition bezieht sich vornehmlich auf die Betrachtung aus dem Blickwinkel der Anwenderseite, da sie die Attribute der Medien- und Kommunikationsaspekte von AR hervorhebt. Andere Definitionen dagegen konzentrieren sich eher auf die technischen Merkmale, so auch die in der Literatur häufig zitierte von AZUMA: „AR is about augmenting the real world environment with virtual information by improving peolpe's senses and skills. AR mixes virtual characters with the actual world."[212] Aus Marketingsicht ist insbesondere die Definition nach SCHART und TSCHANZ relevant. Durch AR kann eine crossmediale Vernetzung von diversen Kommunikationskanälen forciert werden, um infolgedessen die Verweildauer des Rezipienten zu steigern. Insgesamt lässt sich feststellen, dass für Augmented Reality folgende drei Eigenschaften notwendig sind: die Kombination von virtueller Realität und realer Umwelt mit teilweiser Überlagerung, die Interaktion in Echtzeit und der dreidimensionale Bezug von virtuellen und realen Objekten.[213] Während der Begriff der Virtual Reality (VR) in der Praxis sehr geläufig ist, herrscht bei Augmented Reality noch Erklärungsbedarf. Beide Begriffe können nicht synonym verwendet werden, da sie sich durch ein wesentliches Charakteristikum voneinander abgrenzen: Im Gegensatz zur Virtual Reality werden bei der AR näm-

---

[208]  Schart/Tschanz (2015), S. 18

[209]  Schart/Tschanz (2015), S. 18

[210]  Vgl. Rohs (2012), S. 6

[211]  Vgl. Schart/Tschanz (2015), S. 23

[212]  Schart/Tschanz (2015), S. 22

[213]  Vgl. Mehler-Bicher/Steiger (2014), S. 9

lich keine komplett neuen Welten geschaffen, da die vorhandene Realität lediglich um die virtuelle Realität ergänzt wird.[214] Virtual Reality dagegen kann laut TRAUB und HIRSCH als Konzept beschrieben werden, das dazu dient, den Benutzer davon zu überzeugen an einem anderen Ort zu sein. Dabei ersetzen computergenerierte Informationen natürliche Informationen aus der realen Umwelt. Das beinhaltet zum einen, dass Computer notwendig sind um eine virtuelle Welt zu erschaffen. Zum anderen müssen die computergenerierten Informationen in Echtzeit berechnet werden. Im Gegensatz zu anderen multimedialen Anwendungen werden die Szenen innerhalb der virtuellen Realität also „live" ermittelt. Der Bildausschnitt wird von dem Blickwinkel des Users bestimmt, somit passt sich dieser bei jeder Bewegung des Nutzers in Echtzeit an. Ein weiteres, wichtiges Charakteristikum von VR ist ebenfalls die Interaktionsmöglichkeit der User. Sie können sich durch die künstliche, virtuelle Welt navigieren und zudem mit den dargestellten Objekten interagieren.[215] Einen weiteren Aspekt, um die Unterschiede zwischen AR und VR zu verstehen, stellt die Immersion dar. Der Begriff der Immersion impliziert die Abschottung des Nutzers von der realen Umwelt, sodass dieser nur noch die von Computern generierte Umwelt wahrnimmt.[216] Der Nutzer taucht quasi komplett in eine andere Welt ein. Die Voraussetzung für ein realitätsgetreues „Eintauchen" in die virtuelle Welt ist dabei die dreidimensionale Darstellung, da letztendlich nur so eine räumliche oder auch „stereoskopische"[217] Wahrnehmung erfolgt. Um eine vollständige Trennung zwischen der realen und der virtuellen Welt zu kreieren, werden in der Praxis beispielsweise kopfgebundene Darstellungssysteme wie das Head-Mounted-Display (HMD) angewendet. Die Navigation erfolgt dabei zu meist über Tracking-Systeme und die Interaktion erfordert zusätzlich spezifische Eingabegeräte wie Datenhandschuhe oder eine 3D-Maus.[218] Das folgende Realitäts-Virtualitäts-Kontinuum in Abbildung 19 verdeutlicht noch einmal die Unterschiede zwischen AR und VR:

---

[214]  Vgl. Mehler-Bicher/Steiger (2014), S. 9

[215]  Vgl. Traub/Hirsch (2000), S. 9

[216]  Vgl. Traub/Hirsch (2000), S. 7

[217]  Traub/Hirsch (2000), S. 6

[218]  Vgl. Traub/Hirsch (2000), S. 8

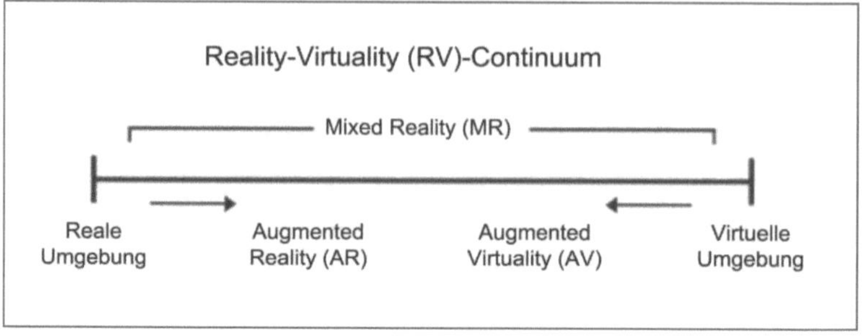


Abbildung 19 Reality-Virtuality (RV)-Continuum[219]

Das von MILGRAM entwickelte „Reality-Virtuality-Continuum" stellt die Abgrenzung von realer Umwelt, Augmented Reality (AR), Augmented Virtuality (AV) und Virtual Reality (VR) dar. Die reale Umgebung auf der linken Seite und die virtuelle Umgebung auf der rechten Seite stellen die Grenzen des Kontinuums dar. Alles was dazwischen liegt wird als Mixed Reality (MR) bezeichnet.[220] „Augmented Reality befindet sich also innerhalb der Mixed Reality – einer Kombination aus Realität und Virtualität. Sie ist aber näher bei der Realität anzusiedeln, da nur wenige virtuelle Elemente verwendet werden."[221] Neben der Unterscheidung zwischen AR und VR wird in der Praxis häufig auch die Begrifflichkeit der Augmented Virtuality (AV) verwendet. Wie aus dem Realitäts-Kontinuum aus der Abbildung 19 hervorgeht, stellt die Augmented Virtuality (AV) ebenso wie Augmented Reality (AR) einen Teil der Mixed-Reality (MR) dar, also der gemischten Realität. Anhand der Einordnung in das Kontinuum wird der Unterschied zwischen den beiden Mischformen deutlich. Während AR sehr weit links nahe der realen Umwelt eingeordnet wird, befindet sich AV weiter rechts mit wenig Abstand zur virtuellen Welt.[222]

## 5.2 Technische Grundlagen von Augmented Reality

Damit Augmented Reality einwandfrei funktioniert, bedarf es bestimmter technischer Grundlagen, die teilweise bereits erwähnt wurden. Dazu gehören Trackingverfahren, Interfaces sowie die Software. Diese drei Prämissen werden im Fol-

---

[219]  Vgl. Eigene Darstellung in Anlehnung an Mehler-Bicher/Steiger (2014), S. 10
[220]  Vgl. Mehler-Bicher/Steiger (2014), S. 10
[221]  Schart/Tschanz (2015), S. 23
[222]  Vgl. Rohs (2012), S. 6

genden erläutert. Innerhalb der Trackingverfahren wiederum lässt sich zwischen Tracking mit Hilfe künstlicher Marker, Tracking ohne Marker oder dem Face Tracking differenzieren, was aber nicht Inhalt dieser Arbeit ist.

### 5.2.1 Trackingverfahren

Augmented Reality basiert unter anderem auf der Erfassung der Umgebung, da diese mittels der Technologie dann durch virtuelle Objekte erweitert wird. Zur Erfassung der realen Umgebung ist eine Tracking-Software nötig, die gewöhnlich als Tracker bezeichnet wird. Grundsätzlich differenziert man beim Tracking zwischen zwei Prinzipien, dem Indside-Out-Tracking und dem Outside-In-Tracking. Ersteres ist dadurch charakterisiert, dass das bewegte Bild die nötigen Trackinginformationen selbst ermittelt. Marker stellen in diesem Fall alle erforderlichen Daten bereit. Diese sind aufgrund geometrischer und farblicher Eigenschaften einfach ausfindig zu machen. „Unter einem Marker versteht man ein zwei- oder dreidimensionales Objekt, das durch seine Art und Form leicht durch eine Kamera identifiziert werden kann."[223] Beim Outside-In-Tracking dagegen besitzt das bewegte Objekt keine Informationen über den aktuellen Standort. Da die Tracker des Inside-Out-Prinzips passiv und dementsprechend weniger kostenintensiv sind, werden diese in der Praxis bevorzugt eingesetzt.[224] Neben den zwei genannten Prinzipien unterteilt man Tracking des Weiteren in nichtvisuelles und visuelles Tracking. Zu den nichtvisuellen Trackingverfahren gehören das Tracking mittels Kompass, GPS, Ultraschallsensoren, Optoelektronischen Sensoren sowie Trägheitssensoren. Das visuelle Tracking dagegen wird zumeist mit Hilfe einer Videokamera umgesetzt. Dazu werden zwei Schritte benötigt, die Initialisierung und die Verfolgung / Antizipierung der möglichen Bewegung. Zur Umsetzung des visuellen Trackings existieren ebenfalls zwei Varianten, die sich durch die Platzierung und den Ort der Kamera unterscheiden. Entweder ist die Kamera via Head-Mounted-Display am Kopf des Betrachters ausgerichtet oder die Kamera ist stationär in einen Computer integriert. Außerdem differenziert man beim visuellen Tracking zwischen merkmalbasierenden und modellbasierenden Systemen. Aktuell werden die merkmalsbasierenden Systeme häufiger eingesetzt, da die modellbasierenden Systeme eine bestimmte Rechenleistung benötigen, die auf den verfügbaren Endgeräten bis dato noch nicht erreicht wird. Beim merkmalbasieren-

---

[223] Mehler-Bicher/Steiger (2014), S. 28

[224] Vgl. Mehler-Bicher/Steiger (2014), S. 26

den System errechnet der Tracker die Kameraposition relativ simpel anhand von zweidimensionalen Punkten. Bei dem modellbasierenden System erfolgt die Positionsbestimmung durch den Abgleich zwischen dem Videobild und einem vorliegendem Referenzmodell, was die angesprochene, intensivere Rechenleistung verursacht. Beide visuellen Trackingverfahren beruhen jedoch grundsätzlich auf der gleichen Vorgehensweise. Im ersten Schritt wird das Bild bestimmt, um dann die relevanten Auskünfte zu extrahieren. Schritt zwei beinhaltet die Bestimmung der Position anhand des Teilausschnitts des bearbeiteten Bildes sowie die Interpretation der räumlichen Lage des zweidimensionalen Kamerabilds.[225] Grundsätzlich wird in der Praxis häufig eine Kombination aus visuellem und nichtvisuellem Tracking angewendet. In diesem Fall spricht man von einem „Hybrid Tracking-System"[226]. Besonders bei AR-Anwendungen im Außenbereich kann der kombinierte Einsatz vorteilhaft sein. Hier werden beispielsweise visuelle Trackingverfahren gemeinsam mit GPS-Sensoren und Bewegungssensoren verwendet.[227]

### 5.2.2 Interfaces

Interfaces stellen die Schnittstelle zwischen einem Softwareprodukt und dem Endverbraucher dar. Ein Interface beinhaltet also die vom Softwareprodukt vorgegebenen Art und Weise der Interaktion. Dazu zählen die Benutzerführung, generell die Möglichkeiten des Nutzers oder die Menütechnik.[228] Um die Technologie von Augmented Reality zu nutzen, sind verschiedene User-Interfaces entwickelt worden, die sich insbesondere durch die jeweiligen Projektionsverfahren voneinander unterscheiden. Zu den verschiedenen User-Interfaces wiederum gehören die Bildschirmdarstellung, das Head-Mounted-Display (HDM), das Head-Up-Display, die Kontaktlinse sowie mobile Geräte. Da Letztere für diese Arbeit von besonderer Relevanz sind, werden die anderen vier Interfaces im Folgenden etwas vernachlässigt. Die Tabelle 1 am Ende dieses Kapitels gibt jedoch einen Überblick über die Vor- und Nachteile aller User-Interfaces. Im Zusammenhang mit User-Interfaces werden mobile Geräte häufig auch als „Handhelds" betitelt. Diese werden insgesamt in drei Kategorien klassifiziert: Tablet-PCs, PDAs und Mobilte-

---

[225] Vgl. Mehler-Bicher/Steiger (2014), S. 27
[226] Mehler-Bicher/Steiger (2014), S. 27
[227] Vgl. Mehler-Bicher/Steiger (2014), S. 27
[228] Vgl. Mehler-Bicher/Steiger (2014), S. 42

lefone.[229] Auch dort liegen die größten Unterschiede in der Rechenleistung sowie in der Speicherkapazität. Vor allem das Mobiltelefon bietet sich für Augmented Reality an, da sich die integrierte Kamera und die anschließende Projektionsfläche auf zwei verschiedenen Seiten befinden. So kann der Benutzer problemlos das Kamerabild zur Erfassung auf das zu trackende Objekte ausrichten und gleichzeitig die erzeugte Projektion betrachten. Da viele Endgeräte, wie beispielsweise Tablet-PCs, bereits über zwei eingebaute Kameras verfügen, ist es sogar möglich, parallel auch das Gesicht des Betrachters zu tracken.[230] Die folgende Tabelle 1 stellt abschließend sowohl die Vor- und Nachteile der „Handhelds" als auch die der anderen User-Interfaces dar. Lediglich für Kontaktlinsen als Interface sind noch keine Angaben vorhanden, da sich diese Ausprägung noch in der Entwicklung befindet und somit etwas Zeit benötigt, bis es von den Konsumenten verwendet wird.

| User-Interfaces | Vorteile | Nachteile |
|---|---|---|
| Bildschirmdarstellung | Verwendung handelsüblicher WebCams und Rechner<br><br>Geringe Rechenleistung erforderlich<br><br>Aktives Agieren des Benutzers mit dem Tracker führt zur haptischen Sinnesansprache<br><br>Keine Lernphase seitens des Benutzers erforderlich | Interaktion des Benutzers ist auf Marker begrenzt<br><br>Die Markeranzahl ist ebenfalls begrenzt<br><br>Die Sicht des Benutzers auf ein stationäres Medium muss gegebn sein |

---

229  Vgl. Mehler-Bicher/Steiger (2014), S. 48
230  Vgl. Mehler-Bicher/Steiger (2014), S. 49

| User-Interfaces | Vorteile | Nachteile |
| --- | --- | --- |
| Head-Mounted-Display | Der Benutzer kann sich frei im Raum bewegen<br><br>Keine Notwendigkeit eines Markers<br><br>Reale Objekte können vom Benutzers beliebig bearbeitet werden | Der Nutzer muss sämtliches Equipment am Körper tragen<br><br>Hoher Rechenaufwand<br><br>Zeitliche Verschiebungen zwischen Bewegung und Darstellung können zur Irretationen führen<br><br>Das projizierte Bild ist qualitativ schlechter als die Realität<br><br>Schlechter Kontrast |
| Head-Up-Display | Zusatzinformationen werden ohne Aktivität seitens des Benutzers erzeugt<br><br>Der Benutzer muss seinen Blick nicht abwenden | Zusatzinformationen können den Benutzer ablenken und überfordern<br><br>Großer technischer Aufwand<br><br>Rechtliche Grauzone, da die Haftung bei Fehlinfor-mationen nicht geklärt ist |
| Kontaktlinse | --- noch keine Angaben -- | --- noch keine Angaben -- |
| Mobile Endgeräte (Handhelds) | Kamera und Display sind in richtiger Position<br><br>Mobile Endgeräte sind leicht transportierbar<br><br>Mobile Endgeräte sind weit verbreitet<br><br>Mobile Endgeräte sind oft bereits serienmäßig mit GPS-Funktionalität, Bewegungssensoren und/oder Kompass ausgestattet | Mobile Endgeräte besitzen in der Regel nur kleine Displays<br><br>Die Prozessorleistung mobiler Endgeräte ist begrenzt |

Tabelle 1: Vor- und Nachteile einzelner User-Interfaces[231]

---

[231] Vgl. Eigene Darstellung in Anlehnung an Mehler-Bicher/Steiger (2014), S. 42f.

### 5.2.3 Software

Es gibt bereits verschiedene Anbieter am Markt, die sich mit der Erstellung von Augmented Reality-Anwendungen befassen. Neben Universitäten und Hochschulen gibt es auch in der Wirtschaft einige Unternehmen, die sich auf die Entwicklung von AR-Software spezialisiert haben. Als Marktführer wird das französische Unternehmen Total Immersion angesehen. In Deutschland dagegen ist das Start-up Metaio der Vorreiter auf dem Gebiet der AR-Software. Es entwickelte sogar eine eigene AR-Suite.[232] Mittlerweile ist der in München beheimatete Software-Spezialist von keinem geringeren als dem US-amerikanischen Unternehmen Apple gekauft worden (siehe Kapitel 6.1).[233] Da die AR-Software je nach Benutzungszweck sehr stark individualisiert wird, ist es schwierig die verfügbaren Software-komponenten zu erfassen und zu vergleichen. Die grundsätzliche Vorgehensweise bei der Entwicklung von AR-Anwendungen beinhaltet jedoch drei Schritte. Die Abbildung 20 veranschaulicht diese. Schritt eins beinhaltet die Bereitstellung eines Computers, der mit der entsprechenden AR-Software ausgestattet ist. Zudem wird eine Kamera benötigt, die in diesem Beispiel als Webcam dargestellt ist und am Computer angebracht wurde (Schritt 2). In Schritt drei folgt dann die Erfassung des zu augmentierenden Objektes mittels der Webcam. In diesem Fall handelt es sich um eine Broschüre, die einen Apfel abbildet. Die Projektion des Apfels erscheint dann als 3D-Modell auf dem stationären PC. Die zweite Grafik innerhalb der Abbildung 20 zeigt das Resultat des Prozesses, wenn ein mobiles Endgerät in Form eines Smartphones an Stelle des stationären Computers verwendet wird. Dort erscheint das projektierte Objekt dann direkt auf dem Display des Handhelds (siehe Kapitel 5.2.2).

---

[232]  Vgl. Mehler-Bicher/Steiger (2014), S. 50

[233]  Vgl. spiegel.de (2015), [Stand 29.05.2015]

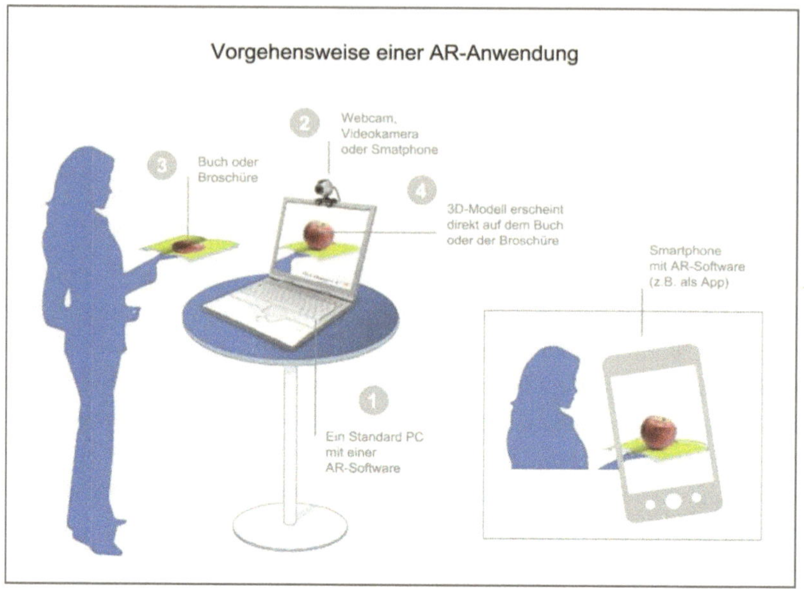


Abbildung 20 Vorgehensweise einer AR-Anwendung[234]

## 5.3 Merkmale und Besonderheiten von Augmented Reality als Marketinginstrument

Um den Kommunikationsprozess in der heutigen, sehr vielfältigen Medienlandschaft positiv zu gestalten, kann eine multisensuale Ansprache via AR hilfreich sein. Diese beinhaltet die Kombination verschiedener Sinne und generiert dadurch meistens eine höhere Aufmerksamkeit als herkömmliche Instrumente. Sowohl die Reizaufnahme als auch die Reizverarbeitung werden schließlich von den menschlichen Sinnen bestimmt. Um festzustellen wie ein Produkt funktioniert, sind das aktive Erkunden sowie Bewegen des Gegenstands unabdingbar. Mittels der Sensorik werden die Gegenstände berührt und durch die Motorik bewegt. Genau das ist der große Vorteil von Augmented Reality als Instrument innerhalb der Kommunikationspolitik. Anstatt die Inhalte passiv aufzunehmen, werden diese gleichzeitig mit mehreren Sinnen erfasst. Das wiederum führt dazu, dass Interaktion und Animation motorische Aktivitäten auslösen. So werden die Produkte vom Konsumenten ganz bewusst wahrgenommen und erlebt, was

---

[234] Vgl. Eigene Darstellung in Anlehnung an t-immersion.com (2016), [Zugriff 05.12.2016]

gleichzeitig sein Involvement steigert.[235] Die wichtigsten Sinne für das Konzept der AR stellen der Seh-, Hör- und Tastsinn dar. Der jeweilige Content wird hierbei also über Augen, Ohren und Hände oder Haut aufgenommen. Die visuellen und haptischen Inhalte ergänzen sich gegenseitig nach dem Credo „was das Auge sieht, möchte die Hand ergreifen".[236] Die Reizaufnahme über die verschiedenen Sinne funktioniert, obwohl die virtuellen Zusatzinformationen oder Gegenstände lediglich über das Display des mobilen Endgeräts gesteuert werden und nicht physisch vorhanden sind. Werden etwa Printmedien mittels AR erweitert, kann der visuelle Sinn um den Hör- sowie den Tastsinn ergänzt werden. Auch dadurch kommt es zu einer Überschneidung von haptischen und digitalen Komponenten. Die Ergänzung physischer Gegenstände mittels AR führt zu einer erweiterten Wahrnehmung, die auch als „Augmented Perception" bezeichnet wird. Erkenntnisse aus der Neuromarketing-Forschung belegen zudem, dass eine Wechselbeziehung zwischen einzelnen Wahrnehmungskanälen besteht, was sich wiederum entscheidend auf die Aufnahme des Inhalts durch das Gehirn auswirkt. Neuromarketing-Forscher HÄUSEL beschreibt „[...], dass sich die verschiedenen Wahrnehmungskanäle gegenseitig beeinflussen und dass Botschaften, die zeitgleich über verschiedene Wahrnehmungskanäle eingespielt werden, vom Gehirn um ein Mehrfaches verstärkt werden."[237] In der Neurowissenschaft wird in diesem Zusammenhang von der so genannten „Multisensory Enhancement" gesprochen.[238] Generell besitzt die bildliche Kommunikation einige Präferenzen gegenüber der reinen Textkommunikation. Insbesondere die emotionale Ansprache der Konsumenten kann durch die Verwendung von visuellen Elementen in Form von Bild und Bewegbild verstärkt werden. Durch die Kombination textlicher und visueller Kommunikation miteinander erhöht sich darüber hinaus auch die „Trefferquote" bei den Rezipienten. Es gibt schließlich einerseits eher visuell geprägte Nutzer und andererseits vornehmlich textorientierte Konsumenten. Ein Beispiel dafür kann die Gestaltung eines Geschäftsberichts sein. Dieser enthält in der Regel viele Informationen, die sowohl möglichst verständlich als aber auch unterhaltend vermittelt werden sollen. Mittels AR kann der Bericht an den richtigen Stellen um Bilder, Videos, Animationen, Audio oder Text erweitert werden. So werden vor

---

[235] Vgl. Schart/Tschanz (2015), S. 66
[236] Schart/Tschanz (2015), S. 66
[237] Schart/Tschanz (2015), S. 67
[238] Vgl. Schart/Tschanz (2015), S. 67

allem technisch anspruchsvolle Themen für den Rezipienten einfacher nachzuvollziehen.[239] In der Praxis nutzt beispielsweise der Automobilhersteller Audi bereits die Möglichkeiten von AR – unter anderem eben auch bei der Gestaltung der Geschäftsberichte.[240]

### 5.3.1 Interaktion zwischen Sender und Empfänger

Augmented Reality folgt den Trends der Kommunikationsbeziehung zwischen Unternehmen und Kunden. Durch die Interaktion zwischen dem Nutzer und der AR-Anwendung bekommt der User das Gefühl voll in den Prozess integriert zu sein. Seine Akzeptanz gegenüber der Werbung nimmt zu. Laut SCHNEIDER kann Interaktivität stattfinden „wenn bei der Ansprache einer Zielgruppe ein Rückkanal in demselben Medium zur Verfügung steht.“[241] Eine kundengerechte Kommunikation erfordert zudem das „Denken im Customer Lifecycle“[242], der auch als Kundenbeziehungslebenszyklus bezeichnet wird. Bei Betrachtung der Phasen des Zyklusses wird deutlich, dass AR als unterstützendes Instrument hilfreich sein kann. Die folgende Tabelle 2 veranschaulicht dieses:

| | Anbahnung | Akquisition | Bindung | Rückgewinnung |
|---|---|---|---|---|
| Positionierung am Markt | X | X | X | X |
| Innovativität | X | X | X | X |
| Kundenbindung | | | X | X |
| Erhöhung des Markenbekanntheitsgrades | X | X | | X |
| Imageverbesserung | X | X | X | X |
| Serviceorientierung | | | X | X |
| Neukundenansprache | X | X | | X |
| Community Building | X | X | X | X |

Tabelle 2: Augmented Reality in der Kommunikation zum Kunden[243]

---

[239] Vgl. Schart/Tschanz (2015), S. 68

[240] Vgl. Audi: Geschäftsbericht 2015 (2016), [Zugriff 12.12.2016]

[241] Schneider (2015), S. 81

[242] Mehler-Bicher/Steiger (2014), S. 69

[243] Vgl. Mehler-Bicher/Steiger (2014), S. 76

Die Frage ist jedoch, ob sich mit AR „tiefgehende Wirkungen"[244] erzielen lassen oder ob die Technologie lediglich als reine Spielerei, auch „Gimmick"[245] genannt, abgetan werden sollte. Um diese Thematik beantworten zu können, muss geklärt werden, ob AR die Wirkung der Kommunikation verstärkt und ob der Content mittels AR auch schneller, nachhaltiger und begreifbarer vermittelt wird.[246] Aufgrund der noch relativ neuartigen Technologie gibt es bislang keine wissenschaftlichen Studien, die aussagekräftig sind. Da durch AR jedoch eine multisensuale Ansprache erfolgt, die haptische und digitale Elemente miteinander kombiniert, ist die Kommunikationswirkung jedoch unumstritten. Mehrere Reizmodalitäten führen schließlich zu einer wirksameren Vermittlung von Erlebtem, was wiederum zu einer „intensiveren Speicherung der übermittelten Informationen beim Betrachter"[247] führt. In Zeiten der Informationsüberflutung wird der Aspekt „Time-to-Content" zukünftig von noch größerer Bedeutung sein. MEHLER-BICHER und STEIGER sehen in diesem sogar den „Indikator für eine erfolgreiche Kommunikation"[248]. „Time-to-Content" impliziert die schnelle Vermittlung von Inhalten. Weitere Faktoren sind eine Erhöhung der Erfahrungs- und Vertrauenseigenschaften sowie die stärkere Aktivierung der Konsumenten. Durch die Verlängerung der Verweildauer seitens der Rezipienten sollen insbesondere das Erwecken von Neugier auch bei wenig involvierten Rezipienten, die Steigerung der Emotionalität sowie die gleichzeitige Ansprache verschiedener Sinne erfolgen. Die Kommunikation mittels AR kann sowohl als Pull- als auch Push-Strategie angewendet werden. Bei der Fokussierung auf AR im mobilen Bereich kommt jedoch eher die Pull-Variante zum Einsatz, da der User selbst aktiv werden muss, um die Anwendung vollumfänglich zu nutzen. Augmented Reality basiert auf der Interaktion mit den Anwendern, da die Technologie auf das Verhalten der User reagiert. Dieses Phänomen lässt sich mit dem Satz „What you do is what you get"[249] beschreiben. Damit AR in dieser Form praktikabel ist, müssen jedoch einige Grundeigenschaften gelten. Zwei wichtige Punkte sind die Funktionalität sowie die intuitive Handhabung. Des Weiteren muss die direkte Manipulierbarkeit einwandfrei funktio-

---

[244] Mehler-Bicher/Steiger (2014), S. 75

[245] Mehler-Bicher/Steiger (2014), S. 75

[246] Vgl. Mehler-Bicher/Steiger (2014), S. 75f.

[247] Mehler-Bicher/Steiger (2014), S. 76

[248] Mehler-Bicher/Steiger (2014), S. 77

[249] Mehler-Bicher/Steiger (2014), S. 78

nieren, da die Aktion des Benutzers direkt zu Veränderungen der vom Computer generierten Elemente führt. Damit diese Illusion realitätsgetreu erzeugt wird, ist zudem die Übertragung in Echtzeit erforderlich. Den letzten relevanten Aspekt stellt die Spezifität der AR-Anwendung dar. Jeder Anwendungsbereich benötigt eine auf sich zugeschnittene Anwendung samt Software, Marker und Tracking-Verfahren.[250] Auch der „Mensch-Maschine-Kommunikation" kommt zunehmend eine bedeutendere Rolle zu. Damit eine Interaktion zwischen Mensch und Maschine gelingt, ist eine so genannte Benutzerschnittstelle nötig. Diese ermöglicht den Nutzern das Steuern oder Eingreifen in die Prozesse der Maschine oder des Systems. Rechnergestützte Benutzerschnittstellen werden auch als Benutzeroberfläche bezeichnet, welche sich durch eine einfache Handhabung sowie Bedienungsfreundlichkeit auszeichnen sollte. Es existieren eine Vielzahl von Benutzerschnittstellen. Die bekannteste unter ihnen ist wohl die haptische Benutzerschnittstelle, die das Mobiltelefon und den Touchscreen impliziert. Darüber hinaus ist die sprachbasierte Schnittstelle insbesondere den iPhone-Nutzern geläufig, da sie mit der Funktion „Siri" die Möglichkeit zur Sprachsteuerung besitzen. Auch hier gewinnt der Aspekt „Time-to Content" maßgeblich an Gewicht, damit die User durch eine schnelle und unkomplizierte Informationsaufnahme problemlos interagieren und handeln können.[251]

### 5.3.2 Vereinfachung der crossmedialen Vernetzung

Unternehmen nutzen in der heutigen Zeit viele verschiedene Kommunikationskanäle zur Kundenansprache. Als Crossmedia Marketing versteht man den Einsatz medienübergreifender Instrumente. Um beispielsweise eine Marketingkampagne crossmedial zu gestalten, müssen wenigstens zwei unterschiedliche Medienformate verwendet werden. Als Ziele von Crossmedia Marketing benennt SCHNEIDER die Erreichung neuer Zielgruppen, die Neukundengewinnung, die langfristige Bindung bestehender Kunden, die Umsatzgenerierung, die Stärkung einer Marke, die Erhöhung des Werbedrucks durch Mehrfachkontakte sowie die Erhöhung der Werbeerinnerung.[252] In der Praxis kommen zur crossmedialen Verknüpfung in der Regel Offline- wie Online-Medien zum Einsatz, damit die genannten Ziele erreicht werden. Klassische Offline-Kanäle (above the line), dienen in erster

---

[250] Vgl. Mehler-Bicher/Steiger (2014), S. 78
[251] Vgl. Mehler-Bicher/Steiger (2014), S. 61
[252] Vgl. Schneider (2015), S. 88

Linie dazu, eine große Reichweite zu generieren. Online-Medien (below the line) dagegen empfehlen sich aufgrund der interaktiven Gestaltungsmöglichkeiten für die anschließende Kontaktintensivierung.[253] Im Online-Zeitalter, das zunehmend mobil wird, ist die Integration des Mediums Mobile in den bestehenden Marketing-Mix unumgänglich. So kann beispielsweise die Attraktivität des Point of Sales mittels Mobile Marketing gesteigert werden, indem mobil bereitgestellte Zusatzinformationen und interaktive Kauferlebnisse den Konsumenten einen vielversprechenden Mehrwert bieten. Letztendlich sind es Synergieeffekte zwischen den einzelnen Medien, die den Erfolg einer Crossmedia-Kampagne bestimmen. HEINEMANN ist davon überzeugt, dass der Erfolg eines Multi-Channel-Unternehmens in erster Linie von den Schnittstellen mit dem Konsumenten, den so genannten „Customer Touchpoints" bestimmt wird. Die Momentaufnahmen, in denen die Konsumenten mit dem Unternehmen in Kontakt kommen, entscheiden heute in hohem Maße über deren Zufrieden- oder Unzufriedenheit mit dem Unternehmen.[254] Eine starke Vernetzung der Konsumenten erschwert es den Unternehmen, ein kanalübergreifend konsistentes Markenbild zu erschaffen. Ein Praxisbeispiel für eine Crossmedia-Kampagne ist die On-Pack-Promotion der Marke tic tac. Das Unternehmen platzierte auf den Produktverpackungen Informationen über ein Gewinnspiel inklusive einer SMS-Kurzwahlnummer. Verbraucher konnten ein ebenfalls abgedrucktes Kennwort an die Nummer senden und somit an dem Gewinnspiel teilnehmen. Sowohl für das Unternehmen als auch für den Kunden ergaben sich dadurch nützliche Vorteile. So konnte das Unternehmen mit relativ geringem finanziellen Einsatz eine sehr große Reichweite erzielen. Zudem entfielen zusätzliche Druckkosten für Rücksendeformulare wie beispielsweise eine Postkarte. Der Konsument dagegen konnte sich direkt nach Erhalt der Botschaft seine Teilnahme am Gewinnspiel sichern, ohne erst eine Postkarte einzusenden, um bei dem Beispiel zu bleiben.[255] Auch Audi startete eine crossmediale Kampagne, indem das Unternehmen auf seiner offiziellen Facebook-Seite einen mit Augmented Reality ausgestatteten Kalender publizierte. Zudem erhöhte der Automobilhersteller die Wertigkeit des neuartigen Kalenders, da er lediglich ein limitiertes Angebot von 300 Exemplaren zur Verfügung stellte. Diese 300 Kalender bekamen diejenigen Facebook-User, die Audi als erstes ihre Adressdaten zukommen

---

[253]  Vgl. Schneider (2015), S. 88
[254]  Vgl. Heinemann (2015), S. 244
[255]  Vgl. Hess u.a. (2005), S. 9f.

ließen. Auf den ersten Blick waren für die Rezipienten keine Autos zu sehen. Mittels der zusätzlichen AR-App wurden diese jedoch in der virtuellen Welt dreidimensional und audivisuell sichtbar. Diese ungewöhnliche Ansprache generierte eine große Aufmerksamkeit und stellte eine User Experience der besonderen Art dar.[256] Eine weiteres Indiz für die gute Eignung mobiler Kanäle innerhalb von Crossmedia-Aktivitäten sind die Ergebnisse einer Google Studie aus dem Jahr 2013. Google untersuchte in diesem Zusammenhang, welches Medium das am häufigsten parallel mit anderen genutzte Medium ist. 73 Prozent der Teilnehmer bestätigten eine Parallelnutzung, da sie während sie mobil surfen auch zeitgleich ein anderes Medium verwenden. Demnach findet die häufigste so genannte Parallelnutzung in Kombination mit TV und Smartphone statt (49 Prozent). 28 Prozent dagegen nutzen sowohl mobiles als auch stationäres Internet zugleich und 14 Prozent der Befragten gaben an, dass sie Mobile- und Print-Medien gleichzeitig nutzen.[257]

### 5.3.3 Individuelle Konsumentenansprache

Die Unternehmensführung hat sich in den vergangenen Jahren stark gewandelt. Während in den 1950er/1960er Jahren noch die Produktorientierung im Fokus der Unternehmen stand, ist seit den 1990er Jahren die Kundenorientierung vorherrschend. In Form des One-to-One-Marketings befindet sich diese aktuell auf dem Höhepunkt was die individuelle Konsumentenansprache betrifft. Der Kommunikationsverlauf seitens der Unternehmen zu den Abnehmern wird in der Fachliteratur häufig auch als Customer Relationship Management (CRM) oder Relationship Marketing betitelt.[258] Das Kundenbeziehungsmanagement gilt als einer der zentralen Erfolgsfaktoren für Unternehmen, um ein nachhaltiges Bestehen am Markt zu erwirken. Damit die Unternehmungen die individuelle Ansprachemöglichkeit mittels Mobile Marketing in Form von Augmented Reality effektiv einsetzen, müssen diese das Kundenverhalten innerhalb des Kommunikationsprozesses verstehen. Kundenprägende Prozesse werden in aktivierende und in kognitive Prozesse unterteilt. Die Aktivierung gilt dabei als „Grunddimension"[259] sämtlicher Antriebsprozesse. Wird die Aktivierung des Rezipienten erhöht, steigt seine Auf-

---

[256] Vgl. Schneider (2015), S. 101
[257] Vgl. Schneider (2015), S. 91
[258] Vgl. Mehler-Bicher/Steiger (2014), S. 61f.
[259] Mehler-Bicher/Steiger (2014), S. 67

merksamkeit. Gleichzeitig führt Aufmerksamkeit auch zu einer Reizauswahl, die den Rezipienten gegenüber für ihn relevanten Reizen sensibilisiert. „Mit Augmented Reality werden alle Formen der Selektion erklärt: von der Wahl eines Mediums und einer bestimmten Sendung bis zur Betrachtung bestimmter Inhalte und der Fixation auf ein konkretes Bildareal."[260] Um eine größere Aufmerksamkeit zu erzielen, werden in der visuellen Kommunikation etwa Farben, Geräusche oder Emotionen erzeugt. In der kognitiven Psychologie wird in diesem Zusammenhang von der so genannten „Bottom-up-Attention" gesprochen. Mittels der AR-Technologie kann die Ansprache der Stimuli beispielsweise durch eine leuchtende Produktfarbe oder durch die Unterstützung lauter Geräusche verstärkt werden. Steuert der Konsument seine Aufmerksamkeit dagegen selbst, bezeichnet man das als „Top-down-Attention". Seine Kenntnisse oder bestehende Erwartungen führen dann zu einer ganz bewussten Aufnahme des Contents. In diesem Fall kann AR die Wahrnehmung intensivieren, indem Inhalte im Kontext zueinander stehen - beispielsweise durch die gleichzeitige Einblendung von zusätzlichen Informationen in Echtzeit in Verbindung zur realen Umwelt. So vermittelt AR „kontext-sensitive"[261] Informationen, welche die Aufmerksamkeit der Rezipienten steigern. Insgesamt lässt sich die Wirkungs- und Wahrnehmungsbeeinflussung in die drei Bereiche Aufmerksamkeit, Aktivierung und Involvement klassifizieren. Ziel der drei Komponenten ist es, die Wahrnehmung seitens der Rezipienten zu erhöhen, Emotionen zu erzeugen, Neugierde zu wecken und die Verweildauer bei Betrachtung oder Erhalt der Botschaft zu verlängern.[262] Die folgende Abbildung 21 „Wirkungs- und Wahrnehmungsbeeinflussung" verdeutlicht die Zusammenhänge und Wechselbeziehungen zwischen den drei Aspekten:

---

[260] Schart/Tschanz (2015), S. 70
[261] Mehler-Bicher/Steiger (2014), S. 71
[262] Vgl. Mehler-Bicher/Steiger (2014), S. 70

Abbildung 21: Wirkungs- und Wahrnehmungsbeeinflussung[263]

Die Begriffe Aufmerksamkeit, Aktivierung und Involvement sind in der Abbildung 21 in einem Trichter dargestellt, was die Funktionsweise des Gesamtprozesses beschreibt. Die Konsumenten werden mit Reizen überflutet. Durch die Aktivierung erfolgt jedoch eine gesteigerte Aufmerksamkeit. Darüber hinaus können Aktivierungsprozesse das Involvement der Rezipienten entscheidend erhöhen. Somit selektieren diese innerhalb der Vielzahl der Reize und filtern die für sie wichtigen und interessant erscheinenden Informationen. Das führt letztendlich dann zur Erhöhung der Wahrnehmung.[264] Das Involvement beschreibt dabei das Engagement oder das Interesse, das die Konsumenten den Botschaften der Unternehmen entgegen bringen. Es ist auf das so genannte Involvement-Konzept von KRUGMANN zurückzuführen. Dieser differenziert zwischen zwei Stufen des Involvements, dem hohen Involvement (High-Involvement) und dem niedrigen, dem

---

[263] Vgl. Eigene Darstellung in Anlehnung an Schart/Tschanz (2015), S. 70
[264] Vgl. Mehler-Bicher/Steiger (2014), S. 70

(Low-Involvement).[265] In den heute weitgehend gesättigten Märkten ist das Involvement der Konsumenten eher gering und die Verbraucher legen ein passives Verhalten an den Tag. Dementsprechend müssen Unternehmen immer neue Aktivierungstechniken finden, die dann die Aufgeschlossenheit der Kunden gegenüber ihren gesendeten Informationen erhöhen. Der wesentliche Vorteil von Augmented Reality als Mobile-Marketinginstrument besteht zudem in der Fokussierung auf den einzelnen Kunden, wodurch eine direkte, personalisierte Ansprache erfolgen kann. Unternehmen beziehen heute von überall wertvolle Daten der Konsumenten. Mobile Endgeräte beispielsweise können durch die SIM-Karte genau identifiziert und zugeordnet werden. In sozialen Netzwerken wie Facebook oder Twitter sind ebenfalls viele Daten gespeichert. In Zeiten des Community-Buildings besitzen viele Nutzer ein eigenes Online-Profil, das nahezu einem kompleten Persönlichkeitsprofil gleicht. Eigene CRM-Systeme dienen den Unternehmen als Schnittstelle und zur Verwaltung der Verbraucherdaten.[266] Durch die individuelle Abstimmung von Werbebotschaften und Angeboten erhöht sich die Chance auf einen positiven Kaufprozess oder beispielsweise auf virale Effekte. Letztendlich führen Personalisierung und Individualisierung schließlich zu einem größeren Vertrauen seitens des Konsumenten.[267]

---

[265] Vgl. Jurt (2013), S. 16f.
[266] Vgl. Schneider (2015), S. 80
[267] Vgl. Schneider (2015), S. 80

# 6 Einsatzgebiete und Anwendungsbeispiele von Augmented Reality

Augmented Reality (AR) kommt mittlerweile in vielen Wirtschaftszweigen zum Einsatz. Die folgende Abbildung 22 verdeutlicht die verschiedenen Anwendungsfelder von AR.

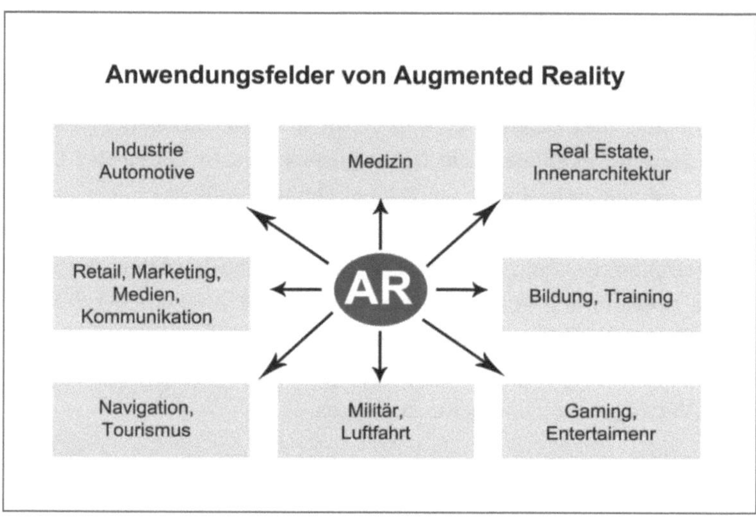


Abbildung 22: Anwendungsfelder von Augmented Reality[268]

Die Abbildung 22 unterteilt die Anwendungsbereiche in die Felder: Industrie / Automotive, Medizin, Real Estate / Innenarchitektur, Bildung / Training, Gaming / Entertainment, Militär / Luftfahrt, Navigation / Tourismus sowie in Retail, Marketing, Medien und Kommunikation.[269] So können beispielsweise innerhalb der Medizintechnik angehende Fachkräfte mit Hilfe von Simulatoren in realistischen Operationsräumen praktische Übung erlangen, ohne dabei reale Patienten zu gefährden. Die Computertechnik bietet zudem auch bereits in realen Operationssälen einige Vorteile. So ermöglichen es Datenbrillen, so genannte Head-Mounted-Displays, dass Chirurgen ihren Blick während der OP nicht mehr vom Patienten abzuwenden brauchen. Denn mittels der Einblendung grafischer Scans ins Blickfeld des Chirurgen ist dieser nicht länger auf nebenstehende Monitore angewie-

---

[268] Vgl. Eigene Darstellung in Anlehnung an Schart/Tschanz (2015), S. 29

[269] Vgl. Schart/Tschanz (2015), S. 29

sen. Ohne den Blick vom Patienten abzuwenden werden ihm dabei die Organlage sowie -struktur farbig und dreidimensional angezeigt und zusätzlich durch vorherige Befunde aus der Magnetresonanztomographie (MRT) oder dem Computertomographen (CT) ergänzt.[270] Und auch Psychosen oder Phobien sollen zukünftig durch AR behandelt werden. Erste Tests sind dazu bereits erfolgreich durchgeführt worden.[271] Ähnlich wie die Medizintechnik greift auch das Militär seit längerem auf AR zurück. An Helmen fixierte Displays (Head-Mounted-Displays) helfen den Soldaten und reduzieren deren Risiko. Darüber hinaus können mittels Simulationssysteme reale Kampfeinsätze kostengünstig durchexerziert werden. Head-Up-Displays ermöglichen in Kampfjets und Hubschraubern eine erweiterte Sicht. Diese Technik wird auch zunehmend in der zivilen und privaten Luftfahrt genutzt, um Sicherheit und Effizienz zu steigern.[272] Neben Medizinern, dem Militär und der Luftfahrt erfreuen sich auch Architekten an den neuen technischen Möglichkeiten durch AR. Virtuelle Häuser können in der Planungsphase problemlos auf dem jeweiligen Grundstück platziert werden. Dem Kunden kann so veranschaulicht werden, wie das Haus auf dem Grundstück und in der Umgebung wirkt. Des Weiteren besteht die Möglichkeit, die Räumlichkeiten schon vor Fertigstellung aus verschiedenen Blickwinkeln zu betrachten und quasi virtuell durch das Haus zu spazieren. Diese neuartige Form der Visualisierung verstärkt die klassischen 3D-Animationen der Architekten.[273] Doch nicht nur den Endverbrauchern hilft die Darstellung. AR soll unter anderem auch bei Aushubarbeiten im Tiefbau zum Einsatz kommen. Laut dem Deutschen Verein des Gas- und Wasserfaches e.V. entstehen beim Aushub von Baugruben jährlich Gesamtschäden in Höhe von 200 Millionen Euro. Durch ein AR-System, dass die Infrastruktur unter der Erde visualisiert, sollen Schäden dieser Art zukünftig vermieden werden.[274] Auch das Lernen erhält eine neue Dimension. Das Stichwort dazu lautet: discovery learning, was übersetzt so viel bedeutet wie „entdeckendes Lernen". Der Diesterweg-Verlag beispielsweise hat in Zusammenarbeit mit der Erfurter Kindermedienagentur Kids Interactive eine App entwickelt, die das Lernen mit dem Schulbuch noch anschaulicher macht. Die Seiten des Schulbuchs werden durch Videos, Animationen,

---

[270]  Vgl. Witte (2015), [Stand 13.11.2015]

[271]  Vgl. Schart/Tschanz (2015), S. 30

[272]  Vgl. Schart/Tschanz (2015), S. 33

[273]  Vgl. Schart/Tschanz (2015), S. 31

[274]  Vgl. virtual-reality-magazin.de (2016), [Zugriff 30.11.2016]

Lerntipps oder Hörtexte erweitert, sodass das Lernen zu einem interaktiven Erlebnis für die Schüler wird.[275] Besonders aus lernpsychologischer Sicht ist das durchaus sinnvoll, da sich Erlebtes erwiesenermaßen besser einprägt.[276] Mittels portablen AR-Systemen stellt die Technik darüber hinaus auch für Museen, Galerien oder Sightseeing-Touren eine Bereicherung dar. Besucher einer Galerie können so interessante, kontextbezogene Zusatz- und Hintergrundinformationen zu einzelnen Exponaten erhalten. Vorreiter ist hier unter anderem das Cleveland Museum of Art.[277] Die verbesserte User Experience ist auch im Bereich des Gamings eine wesentliche Komponente. Durch die neue Technik können ebenfalls reale Orte und Objekte mit einbezogen werden und das Spiel ist nicht mehr bloß auf den Bildschirm beschränkt.[278] Den Durchbruch in der Spieleindustrie schaffte Nintendo mit dem Spiel Pokémon Go, welches 2016 als App erschien. In nur wenigen Tagen wurde die App weltweit millionenfach heruntergeladen. Des Weiteren stellt die AR-Technik in der Unterhaltungsindustrie vor allem bei Fußballübertragungen im Fernsehen einen nicht mehr wegzudenkenden Bestandteil dar. Die Zuschauer erachten es mittlerweile als normal an, dass ihnen bei knappen Entscheidungen in der Wiederholung die Abseitslinie eingeblendet wird, damit sie sehen, ob der Schiedsrichter richtig liegt. Auch das Verschieben von Spielern in der Halbzeitanalyse geschieht mittels AR.[279]

## 6.1 Branchenübergreifende Nutzenpotentiale

Seit der Einführung des Unterhaltungsspiels Pokémon Go via App am 6. Juli 2016 ist Augmented Reality auch in das Interesse der breiten Bevölkerung gerückt. Doch Experten sind sich einig, dass Augmented, Mixed und Virtual Reality zukünftig nicht nur in der Unterhaltungsindustrie neue Kundengruppen erschließen und Umsätze generieren werden. Vielmehr werden auch Handel und Industrie nachhaltig von der neuartigen Technologie profitieren. Erste Einsatzfelder und -möglichkeiten wurden im vorherigen Abschnitt, in Kapitel 6, bereits angedeutet. Die Ergebnisse einer wissenschaftlichen Erhebung des Unternehmensberaters DELOITTE, dem FRAUNHOFER-INSTITUT FÜR ANGEWANDTE INFORMATIONSTECHNIK (FIT)

---

[275] Vgl. bildungsklick.de (2014), [Stand 25.03.2014]
[276] Vgl. Schart/Tschanz (2015), S. 32
[277] Vgl. Schart/Tschanz (2015), S. 115
[278] Vgl. Schart/Tschanz (2015), S. 32
[279] Vgl. Schart/Tschanz (2015), S. 32

und dem Digitalverband BITKOM zum Thema „Head Mounted Displays in deutschen Unternehmen"[280] belegen die Tendenz eindrucksvoll. Die Studie prognostiziert für das Jahr 2020, dass deutsche Unternehmen bis zu 850 Millionen Euro in die neuartige Technologie investieren.[281]

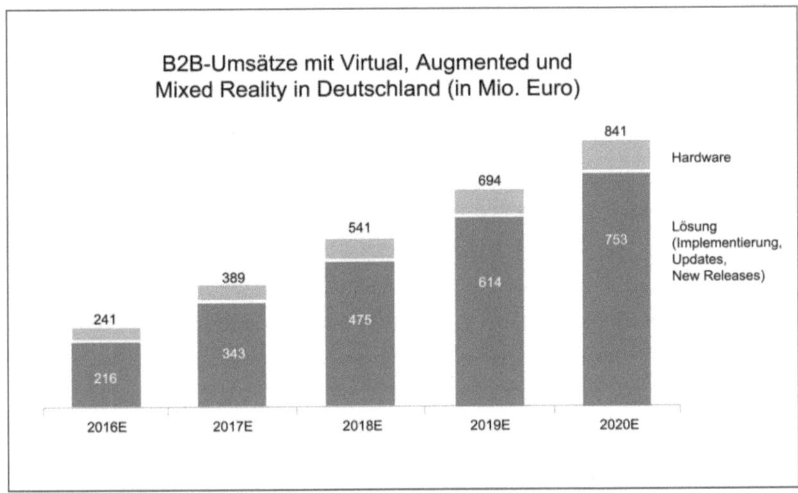


Abbildung 23: B2B-Umsätze mit Virtual, Augmented und Mixed Reality in Deutschland[282]

Wie aus der Abbildung 23 hervorgeht, setzen sich diese im B2B-Bereich größtenteils aus der Entwicklung innovativer, unternehmensspezifischer Lösungsansätze zusammen, weniger aus der Hardware selbst. Trotzdem sollen auch die Umsätze der Hardware bis 2020 in Deutschland im Bereich B2B auf 88 Millionen Euro steigen. Mit Hardware sind in diesem Zusammenhang Brillen gemeint, die von Unternehmen für deren Mitarbeiter gekauft werden.[283] So sollen unternehmensinterne Prozesse optimiert werden und ganze Arbeitsabläufe an Effizienz gewinnen. Aber auch die Anwendung von VR- / MR- und AR-basierter Marketingkampagnen steht im Fokus der Unternehmen.[284] Insgesamt sollen sich die Technologien in den nächsten Jahren zu einem signifikanten Markt entwickeln, dem Zu-

---

[280]  deloitte.com (2016), [Zugriff 01.12.2016]

[281]  Vgl. deloitte.com (2016), [Zugriff 01.12.2016]

[282]  Vgl. Eigene Darstellung in Anlehnung an Studie deloitte (2016), [Zugriff 03.12.2016], S. 11

[283]  Vgl. Studie deloitte (2016), [Zugriff 03.12.2016], S. 10

[284]  Studie deloitte (2016), [Zugriff 03.12.2016], S. 10

satzraten von bis zu 37 Prozent vorhergesagt werden.[285] Die Investmentbank Goldman Sachs ist der Meinung, dass der Markt um Mixed Reality bis 2025 sogar bis zu 80 Milliarden Euro schwer sein wird.[286] Laut MAIER ist die Technologie auch im Silicon Valley ein großes Thema. In ihrem im Juli 2016 veröffentlichten Artikel im Manager-Magazin zum Thema „Warum die Tech-Milliardäre so verrückt nach künstlicher Realität sind" berichtet sie, dass Virtual Reality mehr als eine Brille ist und sogar als die nächste große Wette im Valley gilt – sowohl wirtschaftlich als auch gesellschaftlich.[287] Dementsprechend sind auch längst Großunternehmen wie Apple oder Facebook dabei, das riesige Marktpotenzial zu erschließen, um die innovativen Technologien gewinnbringend für sich zu nutzen. 2014 übernahm Facebook-Gründer ZUCKERBERG das Unternehmen Oculus VR, das die VR-Brille „Oculus-Rift" erschuf. Der Kaufpreis betrug zwei Milliarden US-Dollar. Apple dagegen übernahm den Münchener Augmented Reality-Spezialisten Metaio. Dieser entwickelte beispielsweise für LEGO den „Lego AR Kiosk" oder erweiterte den Katalog des schwedischen Möbelherstellers IKEA mit AR-Elementen.[288] Das Interesse der Global Player demonstriert einmal mehr die Bedeutsamkeit des Marktes. Damit Unternehmen zukünftig mit AR erfolgreich sind, benötigen sie einerseits ein ausgereiftes Konzept mit klar definierten Zielen, andererseits müssen sie sich auch umfassend mit der Sicherheit der sensiblen Nutzerdaten befassen und vor allem die Datenflut systematisch managen. Gelingt ihnen die Bewältigung der Herausforderungen, können sie nachhaltig von der AR-Technologie profitieren und an dem genannten Marktvolumen partizipieren. Folgendes fiktives Szenario soll das Nutzenpotential von AR noch einmal unterstreichen: Mittels AR könnten beispielsweise stationäre Bekleidungsgeschäfte zukünftig im Schaufenster Kleidung präsentieren, die exakt auf den vorbeigehenden Konsumenten zugeschnitten ist und sogar seinen individuellen Vorlieben entspricht. Installierte Kameras im Außenbereich erfassen und vermessen die vorbeigehende Person. Ist diese Person bereits Kunde des Geschäfts, kommt es dann im System zu einer automatischen Erkennung und Identifizierung dieser Person XY. Weitere Schnittstellen des CRM-Systems liefern darüber hinaus zusätzliche, hilfreiche Informationen über die modischen Vorlieben von XY. In diesem Fall sei beispielsweise bekannt, dass

---

[285]  Vgl. Studie deloitte (2016), [Zugriff 03.12.2016], S. 10
[286]  Vgl. Maier (2016), [Stand 05.07.2016]
[287]  Vgl. Maier (2016), [Stand 05.07.2016]
[288]  Vgl. onlinepc.ch (2016), [Stand 02.12.2016]

die unaufmerksam vorbeigehende Kundin XY bevorzugt Kleider eines ganz bestimmten Schnitts trägt. Durch die integrierten Displays im Schaufenster wird ihr dann genau ein Kleid ihres favorisierten Typs angezeigt, was sie bemerkt.[289] So können letztendlich ihre Aufmerksamkeit sowie ihre Aktiviertheit gesteigert werden, was zu einer positiven Beeinflussung führen kann. Im besten Fall besucht die Kundin das Geschäft spontan persönlich, da ihr Interesse an dem Kleid durch den unsichtbaren Prozessverlauf im Hintergrund nachhaltig geweckt wurde.

## 6.2 Anwendungsbeispiele aus der Praxis

Wie schon erwähnt, kommt Augmented Reality in der Praxis bereits brachenübergreifend zum Einsatz. Im Folgenden wird die Technologie noch einmal anhand konkreter Kampagnen von Unternehmen wie Audi, Nintendo, LEGO, Ikea und Sky beleuchtet. Dabei wird deutlich, dass sich sowohl die Wirtschaftszweige der Unternehmen stark differenzieren als auch deren Einsatzmöglichkeiten von AR. Die Technologie findet dabei in Form von Apps, am Point of Sale oder zu Hause über den Fernseher Anwendung.

### 6.2.1 Audi

In der Automobilbranche gilt der Premiumhersteller Audi als Vorreiter. „Vorsprung durch Technik" lautet der Slogan des Ingolstädter Automobilherstellers, den er seit 1971 kommuniziert. Die daraus abgeleitete Vision des Unternehmens trägt die Bezeichnung „Vorsprung ist unser Versprechen".[290] Audi hat früh erkannt, dass die Digitalisierung auch in der Automobilbranche zu einem großen Wandel führt. Neben der Nachhaltigkeit und der Urbanisierung sieht das Unternehmen die Digitalisierung als einen der drei Megatrends der Zukunft an, die allesamt neue Herausforderungen mit sich bringen. Die folgende Abbildung 24 verdeutlicht diese drei wesentlichen Aspekte:

---

[289]  Vgl. Rehmann (2016), [Stand 17.03.2016]
[290]  Vgl. audi.com (2016a), [Zugriff 15.11.2016]

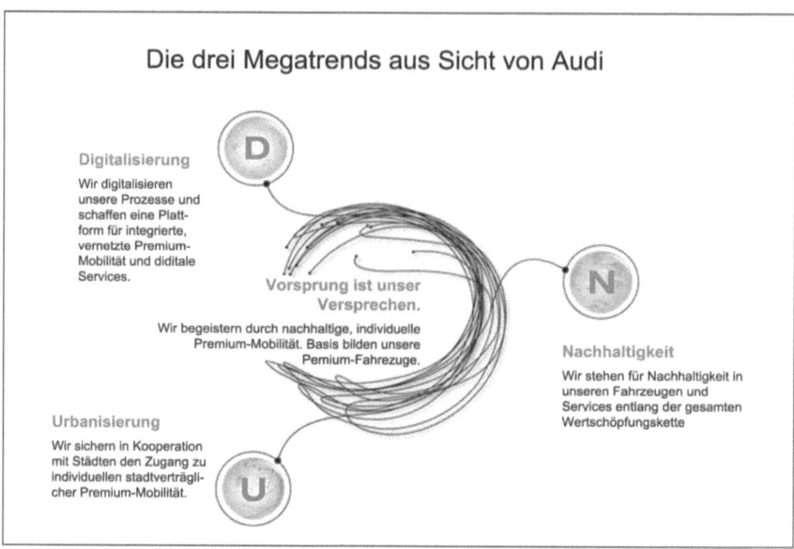


Abbildung 24: Die drei Megatrends aus Sicht von Audi[291]

Das primäre Ziel der Marke Audi ist es, Prozesse zu digitalisieren und zeitgleich eine Plattform für integrierte, vernetzte Premium-Mobilität sowie digitalen Service zu kreieren. So soll bis 2025 unter anderem die User Experience gesteigert werden. Audi-Kunden sollen mittels einfacher, intuitiver Bedienlogik und digitaler Erlebniswelten begeistert werden. Um das Produkterleben der Audi-Kunden noch lebhafter zu gestalten nutzt Audi bereits die Augmented Reality-Technologie. Die Applikation „Audi eKurzinfo" hilft dem Konsumenten, die Funktionen seines Fahrzeugs auf eine innovative Art und Weise zu entdecken. Folgendes Beispiel soll dieses verdeutlichen: Weiß der Fahrzeuginsasse gegebenenfalls nicht, wofür ein bestimmtes Bedienelement steht, kann er das Objekt mit Hilfe seiner Smartphone-Kamera anvisieren und schon erscheinen auf dem Display alle nötigen Informationen und Funktionsbeschreibungen zu dem unbekannten Element. Somit lösen sich Fragen der Audi-Fahrer auf eine einfache und vor allem schnelle Art und Weise, da auf ein zeitraubendes Blättern in der Bedienungsanleitung fortan verzichtet werden kann.[292]

---

[291] Vgl. Eigene Darstellung in Anlehnung an audi.com (2016b), [Zugriff 15.11.2016]
[292] Vgl. audi.de (2016), [Zugriff 15.11.2016]

Abbildung 25: AR-Anwendung bei Audi als Bedienungshilfe[293]

Die Abbildung 25 visualisiert noch einmal die Funktionsweise der App „Audi e-Kurzinfo". Einen weiteren Maßstab setzte das Unternehmen 2015 mit einer neuartigen Broschüre namens „Audi TT Brochure Hack" zur Einführung des neuen Audi TT. In Zusammenarbeit mit der Agentur Razorfish wurde ein zuvor reines Printprodukt durch Augmented Reality erweitert und aufgewertet. Das zu der Zeit neuartige „Virtual Cockpit" von Audi wurde dadurch lediglich mittels Prospekt und Smartphone erlebbar und sorgte für eine ganz besondere Erfahrung beim Rezipienten. Darüber hinaus wurden die Innenraumaufnahmen in der Broschüre mit leitfähiger Farbe versehen. So entstanden für die Nutzer an bestimmten Stellen „Buttons", wodurch sie zusätzlich auch ein haptisches Feedback erhielten. Mittels eines ebenfalls in die Broschüre integrierten Bluetooth Chips kam es so zu einer automatischen Synchronisierung zwischen dem Papier der Broschüre und dem Smartphone. Das Smartphone musste man dafür lediglich auf das Papier legen. Die Mechanik und Durchführung dieser sehr aufwendigen Kampagne passen ausnahmslos zur Marke und somit kreierte diese Form der Kundenansprache einen gelungenen Transfer zum Slogan des Premiumherstellers „Vorsprung durch Technik". Im April 2015 erhielt Razorfish für die Kampagne sogar die Auszeich-

---

[293] Vgl. Eigene Darstellung in Anlehnung an Brandt (2013), [Stand 13.08.2013]

nung mit dem FMW Mobile of the Day Award.[294] Dass Audi die Konsumenten mit seinem Ansatz zu erreichen scheint, belegen auch verschiedene Studien. Eine gemeinsame Umfrage der GMK Markenberatung und der Wirtschaftswoche beispielweise ergab, dass Audi bei der Zielgruppe zwischen 18 und 35 Jahren die beliebteste deutsche Automarke ist. Insgesamt wurden dazu 1.282 Personen befragt. Audi führt das Ranking mit 27 Prozentpunkten deutlich vor BWM (17 Prozent) und Volkswagen (13 Prozent) an. Das Unternehmen scheint besonders die Bedürfnisse und Wünsche der so genannten „Generation Y" am besten zu verstehen und umzusetzen.[295] Die Generation Y umfasst in Deutschland ca. 12 Millionen Personen. Für die Vertreter dieser Generation steht die Interaktion mit der Marke im Fokus, vor allem über soziale Netzwerke und Plattformen. Darüber hinaus besitzen Authentizität und Nachhaltigkeit einen hohen Stellenwert für sie. Die gut vernetzten Konsumenten sind aktiv und bestehen auf Interaktion mit den Marken. Durch Ihr Feedback wollen sie konsequent an der Produktoptimierung teilnehmen. [296]

## 6.2.2 Pokémon Go

Pokémon Go ist ein Spiel, das zunächst als kostenlose App für mobile Endgeräte wie Smartphones und Tablets programmiert wurde. Das US-amerikanische Softwareunternehmen Niantic hat es für den japanischen Videospiele-Hersteller Nintendo entwickelt. Am 6. Juli 2016 erfolgte der offizielle Markteintritt in den USA. Das Spiel, in dem die Spieler virtuelle Fantasiewesen (Pokémon) fangen, trainieren, entwickeln und in virtuelle Kämpfe gegen andere Pokémon schicken können, löste direkt einen regelrechten Hype aus. Die durchschnittliche Nutzungsdauer des Spiels über das Android-Betriebssystem betrug in den USA bereits am 8. Juli insgesamt 43 Minuten und 23 Sekunden pro Tag. Die zuvor beliebtesten Android-Apps wie Whatsapp (30 Minuten und 27 Sekunden), Instagram (25 Minuten und 16 Sekunden), Snapchat (22 Minuten und 53 Sekunden) oder der Facebook-Messenger (12 Minuten und 44 Sekunden) sind somit schnell übertroffen worden (siehe Abbildung a10 im Anhang).[297] Selbst Candy Crush Saga, bis dato der Blockbuster unter den Handygames, wurde direkt von Pokémon Go abgelöst. Das Free-

---

[294]  Vgl. Scholz (2015), [Stand 22.05.2015]
[295]  Vgl. Rentz (2015), [Stand 11.12.2015]
[296]  Vgl. Krämer (2016), [Stand 18.10.2016]
[297]  Vgl. Brandt (2016), [Stand 13.07.2015]

to-play-Spiel finanziert sich über In-App-Käufe. Mittels so genannter PokéMünzen, die als Währung innerhalb des Spiels dienen, können die Spieler nützliche Premium-Gegenstände erwerben. Die riesige Nachfrage seitens der Konsumenten führte in kürzester Zeit zu einem wahren Pokémon-Effekt. Der Kurs der Nintendo-Aktie stieg innerhalb weniger Tage um knapp 90 Prozent an.

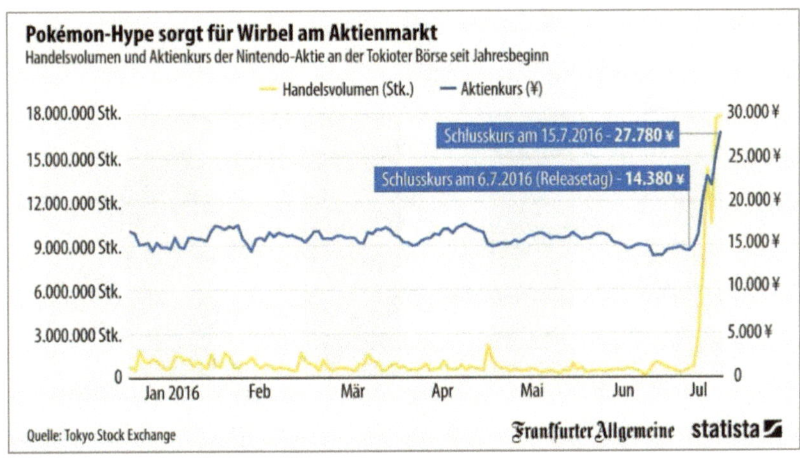


Abbildung 26: Pokémon-Hype sorgt für Wirbel auf dem Aktienmarkt[298]

Die vorstehende Abbildung 26 veranschaulicht die extrem positive Entwicklung des Aktienkurses der Nintendo-Aktie nach dem Markteintritt in Deutschland am 13. Juli 2016. Dem japanischen Unternehmen ist mittels der Markteinführung der Pokémon Go-App der Markteintritt in den mobilen Spielemarkt auf beeindruckende Weise gelungen. Zudem hat Nintendo es geschafft, die nach wie vor neuartige Technik damit erstmals massentauglich zu machen. Zuvor fand Augmented Reality vornehmlich in der Industrie Anwendung, weniger im Konsumgüterbereich. Das Unterhaltungsspiel ist positionsbezogen und gehört somit zu den so genannten Location-based Games (siehe Kapitel 5). Via Global Positioning System (GPS) und Mobilfunkortung werden die Standortdaten des Spielers ermittelt und dieser wird auf einer virtuellen Karte, basierend auf Google Maps, dort platziert, wo er auch „in echt" gerade steht. Sehenswürdigkeiten oder markante Orte der reellen Welt werden dabei in die virtuelle Spielewelt übernommen. Diese aktive

---

[298] Vgl. faz.nez (2016), [Stand 15.07.2016]

Nutzung der Umgebung des Spielers beruht auf dem Prinzip der erweiterten Realität: der Augmented Reality (AR).

Abbildung 27: Augmented Reality mit der Pokémon Go-App [299]

Die Abbildung 27 verdeutlicht die Funktionsweise von Augmented Reality am Beispiel der Pokémon Go-App. Die abgebildete Person befindet sich im ostwestfälischen Bielefeld vor der Sparrenburg, dem Wahrzeichen der Stadt. Durch Öffnen der Pokémon Go-App ergibt sich über die Verknüpfung mit der Smartphone-Kamera auf dem Smartphone-Display der gleiche Bildausschnitt. In diesen werden nun die Pokémons integriert. Die Realität wird somit um die virtuellen Fantasiemonster erweitert. Millionen Menschen nutzen die App. Nutzerzahlen, die belegen, dass das Spiel inklusive AR-Technologie massentauglich ist. Darüber hinaus verdeutlicht es jedoch auch, dass die Gesellschaft nun scheinbar bereit für die vermeintlich neue Technologie ist – denn Augmented Reality gibt es ja in der Industrie schließlich schon seit den 60er-Jahren und ist somit nicht gänzlich neu (siehe Kapitel 5).[300] Doch laut GENNIES ist das Programm erst der Anfang und gleichzeitig ein Indiz, wie die Zukunft aussieht: „Die Spiele-App „Pokémon Go" ist

---

[299] Vgl. Eigene Darstellung in Anlehnung an Müller (2016), [Stand 13.07.2016]
[300] Vgl. Gennies (2016), [Stand 18.07.2016]

mehr als nur ein unterhaltsamer Zeitvertreib. Sie sagt viel über unsere digitale Zukunft aus."[301] Auch für Unternehmen kann die Anwendung einen attraktiven Mehrwert mit sich bringen. Nicht zuletzt wird das Spiel als „neue Möglichkeit des Marketings gesehen"[302]. Insbesondere für den Einzelhandel, der ja bekanntlich stark unter der Digitalisierung zu leiden hat (siehe Kapitel 4), ergeben sich so neue Chancen, die Konsumenten wieder in den stationären Einzelhandel einzubinden. Stefan Hertel, Sprecher des Handelsverbands Deutschland e.V., betont: „Die Beteiligung an Pokémon Go hat da angesichts des derzeitigen Hypes durchaus Potenzial, gerade jüngere und internetaffine Kundschaft in die Läden zu holen." So können Unternehmen beispielweise mit Rabatt-Coupons oder anderen Gutscheinen auf sich aufmerksam machen und gegebenenfalls kostenfreie WLAN-Zonen einrichten. Zudem ließ auch der Entwickler Niantic verlauten, dass Unternehmen zukünftig so genannte „Pokéstops" kaufen können. Das bedeutet, dass Unternehmen Geld zahlen, damit sich dann verhältnismäßig viele oder seltene Pokémons am jeweiligen POS der Unternehmen und in unmittelbarer Nähe aufhalten. So steigern sich automatisch die Attraktivität des Einkaufserlebnisses der User und Konsumenten. Die größte Herausforderung besteht hier jedoch in dem kritischen Umgang mit den Daten der Zielpersonen.[303] Nichtsdestotrotz ist GENNIES davon überzeugt, dass sich die Menschen in einigen Jahren an Pokémon Go zurückerinnern, denn: „Das Programm „Pokémon Go" war nicht nur ein Spiel. Es war die Zukunft. Und mit den kleinen Monstern hat alles angefangen."[304]

### 6.2.3 IKEA

Auch der schwedische Möbelhersteller ist ein weiteres Beispiel für ein Unternehmen, das an der Customer Experience via Augmented Reality festhält. Mit der 2014 erschienenen App, passend zum damaligen Katalog, konnten die Nutzer unter anderem Möbelstücke einscannen, um diese dann in dreidimensionaler Darstellung in den eigenen vier Wänden zu positionieren und zu betrachten. Darüber hinaus beinhaltete der augmentierte Katalog weitere virtuelle Inhalte wie Videos, Bildergalerien oder Designer-Geschichten zu einzelnen Möbelstücken. Eine Rönt-

---

301 Gennies (2016), [Stand 18.07.2016]
302 Gerstenlauer (2016), [Stand 18.07.2016]
303 Vgl. Gennies (2016), [Stand 18.07.2016]
304 Gennies (2016), [Stand 18.07.2016]

gen-Funktion ermöglichte es den Konsumenten sogar, ausgewählte Möbelstücke auch von innen zu betrachten.

Abbildung 28: Augmented Reality mit der IKEA Katalog-App[305]

Das Ziel von IKEA bestand vor allem darin, die Konsumenten Richtung E-Commerce zu lenken, denn auch der Möbelmarkt wird zunehmend vom Online-Handel geprägt. Des Weiteren wollte IKEA seinen Fauxpax aus dem Vorjahr revidieren und die Konsumenten mit einer neuen, überarbeiteten Version überzeugen.[306] Das Praxisbeispiel von IKEA verdeutlicht nämlich auch einmal mehr, dass die AR-Technologie sowohl für Unternehmen als auch für Konsumenten nach wie vor neuartig ist. Alle Beteiligten müssen den Umgang erst noch „erlernen", um letztendlich das volle Potenzial für sich nutzen zu können. So war die erste Ausgabe des augmentierten IKEA-Katalogs im Jahr 2013 ein Reinfall, da die Konsumenten schlicht überfordert waren. Die Kampagne mit dem Titel „Let's Netz" verband erstmals Katalog und App. Der Nutzer konnte bereits damals schon mit seinem Smartphone einen Schrank im Katalog scannen und sich so die Schrankinhalte wie Schrankbretter oder Schubfächer ansehen – ohne den Schrank jemals live gesehen zu haben.[307] Zum Zeitpunkt des ersten AR-Katalog von IKEA gab es jedoch noch keine Pokémon Go-App, welche die breite Öffentlichkeit für die neuar-

---

[305] Vgl. Eigene Darstellung in Anlehnung an computerbild.de (2013), [Stand 31.08.2013]

[306] Vgl. crossretail.de (2013), [Zugriff 13.12.2016]

[307] Vgl. Barth u.a. (2015), S. 15

tige Technologie sensibilisierte. Somit war der Informationsbedarf zur Handhabung und Anwendung des neuen Katalogs sehr groß – was der schwedische Möbelhersteller jedoch im Vorfeld offenbar unterschätzte. Viel Kritik war die Folge. Auf der Informationsseite des Katalogs fehlte unter anderem ein QR-Code, der die Nutzer direkt und auf einfache Art und Weise zur App leitete, da diese zur Verwendung essentiell ist.[308] Auf den Innenseiten des Katalogs war zwar jeweils oben rechts ein Smartphone-Symbol abgebildet, das dem Benutzer die interaktive Handhabung suggerieren soll. Die Symbole waren auch mit dem Call-to-action „Scannen und mehr entdecken" versehen, was jedoch für die Konsumenten zu diesem Zeitpunkt noch irreführend erschien. Der Mehrwert entsteht schließlich erst, wenn die in der App geladenen Inhalte auch aktiv vom User genutzt und bewegt werden. Ansonsten stellt es sich den Nutzern so dar, als würden lediglich die Katalogdaten der Printversion nachgeladen. Durch einen fehlerhaften Kommunikationsprozess misslang die Kommunikation vom Unternehmen zum Konsumenten. Dementsprechend verpufften viele Feautures unabsichtlich. Das Unternehmen hat sich der Kritik jedoch angenommen und die App stetig weiterentwickelt. Laut Computerbild besteht für Konsumenten 2017 sogar erstmals die Möglichkeit, sich den Katalog auch über den Apple TV anzeigen zu lassen.[309]

### 6.2.4 LEGO

Der Spielzeughersteller LEGO führte bereits 2010 in all seinen stationären Verkaufsflächen die so genannte „Digital Box" ein. Dank der Augmented Reality-Anwendung konnten sich die Konsumenten erstmals ein LEGO-Modell dreidimensional anschauen, ohne dieses aus der Verpackung nehmen und aufbauen zu müssen. Die Ladenbesucher mussten lediglich die Verpackung vor die Kamera der „Digital Box" halten und schon erschien das LEGO-Modell in 3D. Darüber hinaus konnte das Modell von allen Seiten betrachtet werden, indem die Verpackung vom Konsumenten gedreht wurde.[310] „The Digital Box helps consumers to get a better impression of our products"[311], erklärte Torben Nielsen, der Direktor der Abteilung für 3D-Technologien bei LEGO.

---

[308]  Vgl. Barth u.a. (2015), S. 15f.

[309]  Vgl. computerbild.de (2016), [Stand14.10.2016]

[310]  Vgl. Kirchner/Scheffel (2012), S. 160

[311]  simpublica.de (2014), [Stand 15.04.2014]

Abbildung 29: Augmented Reality mit der LEGO Digital Box[312]

Der Spielzeughersteller schaffte somit ein neuartiges Produkterlebnis für seine Käufer. Seit 2014 wird die AR-Technologie auch für die Gestaltung des Produktkatalogs genutzt. Via der „LEGO Technik 3D Augmented Reality Katalog App" werden die verschiedenen Modelle zu einer besonderen User Experience, die durch Animationen und Soundhinterlegung zusätzlich belebt wird. Auch erfolgt die Konsumentenansprache wieder über den Sehsinn, den Hörsinn und zusätzlich auch über den Tastsinn, was das Erlebnis steigert. 2016 ist der erlebbare Katalog im App Store unter LEGO 3D-Katalog zu finden.

### 6.2.5 Sky

Die Sky Deutschland GmbH ist ein in Unterföhring bei München ansässiges Medienunternehmen. Über die Tochtergesellschaft Sky Deutschland Fernsehen GmbH & Co. KG betreibt der Sender ein Pay-TV-Angebot. Der Konzern besitzt Senderechte in Deutschland und Österreich. In der Schweiz und in Luxemburg sind ebenfalls ausgewählte Pakete über das bezahlte Fernsehangebot erhältlich. Insgesamt hat

---

[312] Vgl. Eigene Darstellung in Anlehnung an appfutura.com (2015), [Stand 05.01.2015]

Sky Deutschland über viereinhalb Millionen Kunden, wodurch es im Jahr 2012 rund 72,5 Prozent des Bezahl-TV-Umsatzes generierte.[313] Laut Angaben des Handelsblattes wird das Unternehmen mit 14 Milliarden Euro bewertet.[314] Ob die aktuell heiß diskutierte Übernahme von Medienmodul RUPERT MURDOCH Wirklichkeit wird, bleibt abzuwarten. Fakt ist dagegen, dass Augmented Reality auch in der Medien- bzw. Fernsehbranche zunehmend kommerziell genutzt wird. Mittels AR erhalten die Fernsehzuschauer zusätzliche Informationen – insbesondere bei der Sportübertragung im Bereich Fußball.[315] Kommt es beispielsweise während eines Fußballspiels zu einer fragwürdigen Entscheidung seitens des Unparteiischen, helfen eingeblendete, virtuelle Elemente dem Zuschauer bei der Meinungsbildung und Entscheidungsfindung. Darüber hinaus können die Halbzeit- oder Spieltagsanalysen durch Sky-Experten dem Fernsehpublikum so deutlich plausibler visualisiert und vermittelt werden. AR ermöglicht das nachträgliche, interaktive Eingreifen in Spielszenen, wodurch das Fernsehprogramm auch nach Abpfiff des Spiels weiterhin attraktiv bleibt. Schart betont in diesem Zusammenhang: „3D-Animationen und visuelle Einblendungen in der Nachbetrachtung gehören mittlerweile zum Standard."[316] Neben aktivierenden Elementen am POS wie der Digital Box von LEGO kann also auch die Attraktivität des Mediums Fernsehen durch die AR-Technologie gesteigert werden.

---

313  Vgl. hmr-international.de (2014), [Stand 04.03.2014], S. 6f.
314  Vgl. Jahn (2016), [Stand 10.12.2016]
315  Vgl. Schart (2013), [Stand 20.06.2013]
316  Schart (2013), [Stand 20.06.2013]

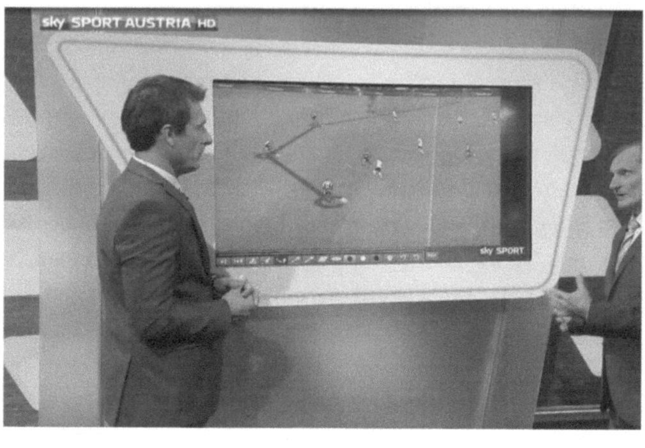


Abbildung 30: Augmented Reality bei der Analyse
eines von Sky übertragenen Fußballspiels[317]

Die obenstehende Abbildung 30 veranschaulicht die Nachbetrachtung eines Fußballspiels der österreichischen Ausgabe von Sky. Mittels einer unten eingeblende-
ten „Werkzeugleiste" können die beiden Experten ihre Beobachtungen visualisieren und in die jeweilige Spielszene integrieren. AR macht Live-Übertragungen bereits auch für den TV-Zuschauer zu einer interaktiven Erlebniswelt. Das EPSIO-
System von Mediatec visualisiert beispielsweise verschiedene Einblendungen zur
gleichen Zeit.[318] So können die Betrachter zwischen verschiedenen Szenen wählen und somit aktiv in die Übertragung eingreifen. Diese Art der Übertragung
steckt zwar weiterhin in der Entwicklung, weist aber für zukünftige Übertragun-
gen ein großes Potential auf. Des Weiteren bieten andere Sportarten und TV-
Sparten ebenfalls vielseitige Anwendungsmöglichkeiten.

---

[317] Vgl. Eigene Darstellung in Anlehnung an skysportaustria.at (2016), [Stand 08.11.2016]
[318] Vgl. Schart (2013), [Stand 20.06.2013]

# 7 Überprüfung der Eignung von Augmented Reality als nachhaltiges Mobile-Marketinginstrument

In den vorherigen Kapiteln wurden bereits viele Aspekte genannt, die grundlegend für die AR-Technologie sind. Sowohl die technischen Rahmenbedingungen als auch die gesellschaftliche Entwicklung begünstigen derartige, innovative Marketinginstrumente. Denn nur mit ihrer Hilfe kann es Unternehmen zukünftig gelingen, den Aufmerksamkeitskonkurrenzkampf in Bezug auf die Konsumenten zu gewinnen. Im siebten Kapitel soll nun speziell die Eignung von Augmented Reality als nachhaltiges Mobile-Marketinginstrument überprüft werden. Dazu dienen zwei Analyseverfahren: die STEP-Analyse und die SWOT-Analyse. Neben den in der Arbeit bereits genannten Determinanten soll die STEP-Analyse insbesondere den Einbezug der Makroumwelt in die Entscheidungsfindung sicherstellen. Dadurch sollen vor allem Chancen und Risiken identifiziert werden, die die Eignung von AR als Instrument entweder begünstigen oder erschweren. Die SWOT-Analyse dagegen befasst sich in diesem Zusammenhang mit den Stärken und Schwächen der AR-Technologie. Abschließend werden die Ergebnisse aus beiden Analyseverfahren in einer Vierfeld-Matrix zusammengetragen und letztendlich bewertet.

## 7.1 STEP-Analyse

Die STEP-Analyse ist ein Modell, das zur Analyse der externen Umwelt dient.[319] Unternehmen und seine Stakeholder wie Konsumenten, Lieferanten, Absatzmittler oder Wettbewerber agieren alle in einem sehr weitläufigen Umfeld, der Makroumwelt. Diese beinhaltet jedoch einige Variablen, auf die das Unternehmen keinen direkten Einfluss hat. Die Makroumwelt kann dabei in sechs Komponenten unterteilt werden. Die folgende Abbildung 31 veranschaulicht diese:

---

[319] Vgl. Meier (2011), S. 17

Abbildung 31: Komponenten der Makroumwelt[320]

Wie aus der Abbildung 31 hervorgeht, kann die Makroumwelt in die demographische, die ökonomische, die soziokulturelle, die technologische, die ökologische und in die politisch-rechtliche Komponente unterteilt werden. Dabei sind die Bestandteile untereinander vernetzt. Durch diese wechselseitigen Beziehungen kommt es zu einer gegenseitigen Beeinflussung. Generell dient die Umweltanalyse dem Unternehmen also dazu, Trends frühzeitig zu antizipieren, die zukünftig als Rahmenbedingungen großen Einfluss auf die Mikroumwelt wie das Unternehmen und den Markt haben werden. Die zunehmende Komplexität und Dynamik der Märkte machen es unerlässlich, die Umweltentwicklungen jederzeit genauestens zu überprüfen. Nur so stellen Unternehmen sicher, dass sie mit ihrer strategischen Ausrichtung die für die Zukunft richtigen Maßnahmen einleiten. Ein Negativ-Beispiel liefert die Telekommunikationsbranche mit Nokia. Als ehemaliger Weltmarktführer hat das Unternehmen den Trend zur Konnektivität verpasst und Wettbewerber wie Apple oder Samsung verdrängten den Anbieter vom Markt.[321] Mittels der STEP-Analyse werden die genannten sechs Komponenten

---

[320] Vgl. Schart/Tschanz (2015), S. 29

[321] Vgl. Runia u.a. (2015), S. 11

auf insgesamt vier reduziert: Social-Cultural-Environment, Technological-Environment, Economical-Environment und Political-Legal-Environment.[322] Die STEP-Analyse ist hilfreich, um Chancen und Risiken besser einschätzen zu können. Gemeinsam mit den Resultaten der SWOT-Analyse können Unternehmen damit ihre strategische Ausrichtung und den Erfolg fortlaufend kontrollieren. In dieser Arbeit geht es jedoch mehr um die Beurteilung der AR-Technologie.[323]

### 7.1.1 Soziokulturelle Einflussfaktoren

Die soziokulturelle Komponente umfasst all diejenigen Aspekte, die Werte und Normen der Gesellschaft beeinflussen. Veränderungen von zuvor fest verankerten Werten und Normen können zu einem gravierenden Wandel bei den Konsumenten führen. Aus Marketingsicht ändert sich dadurch gegebenenfalls auch der Kaufentscheidungsprozess der Endverbraucher. Werte wie Arbeit, Ehe / Familie, Wohltätigkeit und Ehrlichkeit gelten als so genannte Grundwerte einer Gesellschaft. Diese Werte zeigen sich im Umgang der Menschen miteinander und in ihrem Umgang mit der Umwelt, der Natur und der Gesellschaft im Allgemeinen. Zu den sekundären Wertvorstellungen gehören Phasen und Bewegungen wie zum Beispiel das Hippie-Dasein, die aber in der Regel zeitlich begrenzt sind. Darüber hinaus bilden sich in einer Gesellschaft Subkulturen wie religiöse Gemeinschaften, Rockerbanden oder auch Teenager heraus. Soziokulturelle Trends wiederum sind beispielsweise das Streben nach Selbsterfüllung, ausgeglichener Work-Life-Balance oder zunehmend offenen Beziehungen.[324] Eine Tendenz und einen Überblick über die soziokulturelle Entwicklung einer Gesellschaft gibt das Sinus-Milieu. Die Sinus-Milieus werden von dem Markt- und Sozialforschungsunternehmen Sinus entwickelt und dienen seit Jahrzehnten als wissenschaftliches Instrument zur Zielgruppenbestimmung. Das Unternehmen selbst bezeichnet sich als „unabhängiges, inhabergeführtes Institut für psychologische und sozialwissenschaftliche Forschung und Beratung."[325] Die Zielgruppensegmentierung erfolgt dabei anhand der zwei Kriterien „Sozialer Lage" sowie „Grundorientierung" (Wertvorstellungen). So entsteht ein wirklichkeitsgetreues Bild der Gesellschaft in Form von unterschiedlichen Milieus, die kontinuierlich an die soziokulturellen

---

[322] Vgl. Runia u.a. (2015), S. 15
[323] Vgl. Meier (2011), S. 18
[324] Vgl. Runia u.a. (2015), S. 13
[325] sinus-institut.de (2016a), [Zugriff 10.12.2016]

Veränderungen innerhalb der Gesellschaft angepasst werden. Insbesondere für das Marketing stellt der soziokulturelle Wandel eine große Herausforderung dar. Die Sinus-Milieus sind deshalb sehr hilfreich, um die Zielgruppen zu charakterisieren und sie zu verstehen. Darüber hinaus lassen sich gesellschaftliche Trends frühzeitig erkennen, wodurch die vermeintlichen Zielgruppen der Zukunft bestimmt werden können.[326] Die folgende Abbildung 32 stellt die Sinus-Milieus in Deutschland für 2015 dar.

---

[326] Vgl. sinus-institut.de (2016b), [Zugriff 10.12.2016]

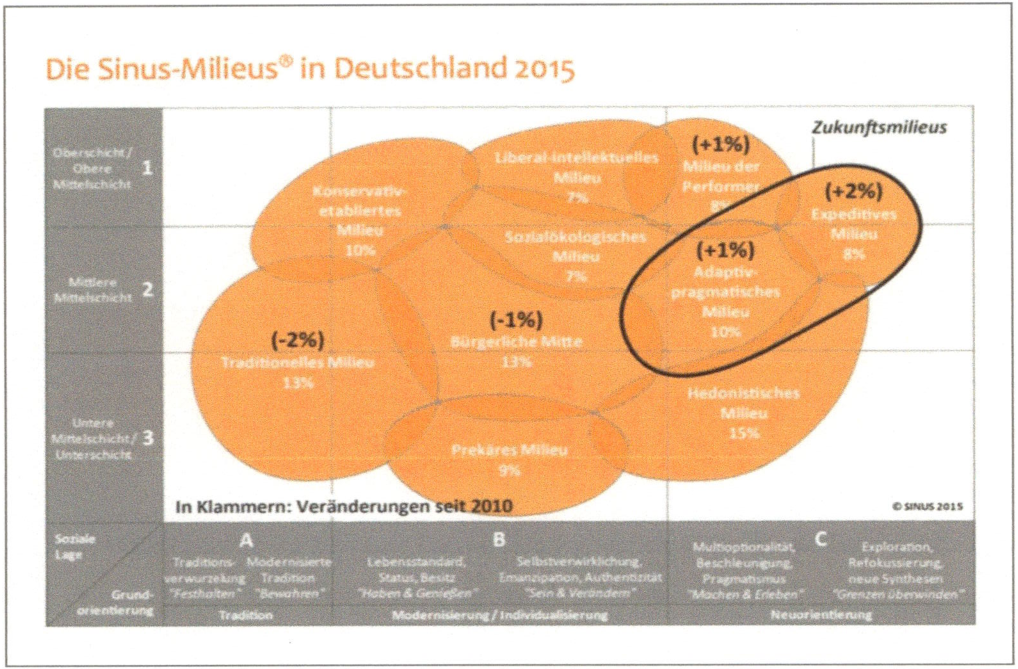

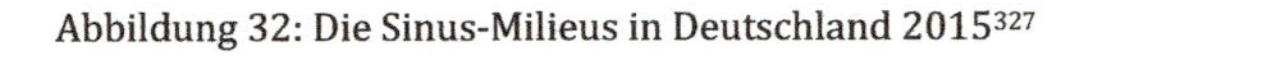


Abbildung 32: Die Sinus-Milieus in Deutschland 2015[327]

---

[327] Vgl. sinus-institut.de (2016b), [Zugriff 10.12.2016]

Im Jahr 2015 werden die Sinus-Milieus demnach in insgesamt 10 Milieus unterteilt. Die drei „Leitmilieus" stellen dabei mit 15 Prozent das „Hedonistische Milieu" sowie mit jeweils 13 Prozent die „Bürgerliche Mitte" und das „Traditionelle Milieu" dar. Betrachtet man darüber hinaus die Wachstumsraten der einzelnen Milieus wird deutlich, dass die beiden Milieus „Expeditive" (8 Prozent) und „Adaptiv-Pragmatische" (10 Prozent) die Zukunftsmilieus zu sein scheinen. Die Charakteristika von Zugehörigen des Expeditiven Milieus stellen sich wie folgt dar: Expeditive sind (transnationale) Trendsetter, mental und geografisch mobil, online und offline vernetzt, zielorientiert aber ohne großartiges Karrieredenken ausgestattet, auf der Suche nach neuen Grenzen und Lösungen und dabei von Individualismus und Nonkonformismus geprägt.[328] Das Leitmotiv der als „ambitionierte kreative Avantgarde" betitelten Gruppe wird als „Die Zukunft ist heute" klassifiziert. Mit knapp über 8 Prozent gehören diesem Milieu ca. 5,68 Millionen Bundesbürger an. Adaptiv pragmatische dagegen stellen die „junge Mitte" dar. In dieses Milieu werden aktuell fast 7 Millionen Menschen eingeordnet. Eigenschaften wie Lebenspragmatismus und Nützlichkeitsdenken, Leistungs- und Anpassungsbereitschaft, Spaß, Komfort und Unterhaltung, Flexibilität und Weltoffenheit sowie das Bedürfnis nach Verankerung und Zugehörigkeit sind zentrale Charakteristika des Milieus. Durch die Betrachtung der Umgangsweise beider Milieus mit aktuellen Herausforderungen lassen sich zukünftige Trends erkennen. Im Onlinezeitalter, in dem bereits viele Konsumenten „always on" sind, müssen zudem auch digitale Milieus berücksichtigt werden. Die folgende Abbildung 33 stellt diese exemplarisch für das Jahr 2013 dar.

---

[328] Vgl. sinus-institut.de (2016b), [Zugriff 10.12.2016]

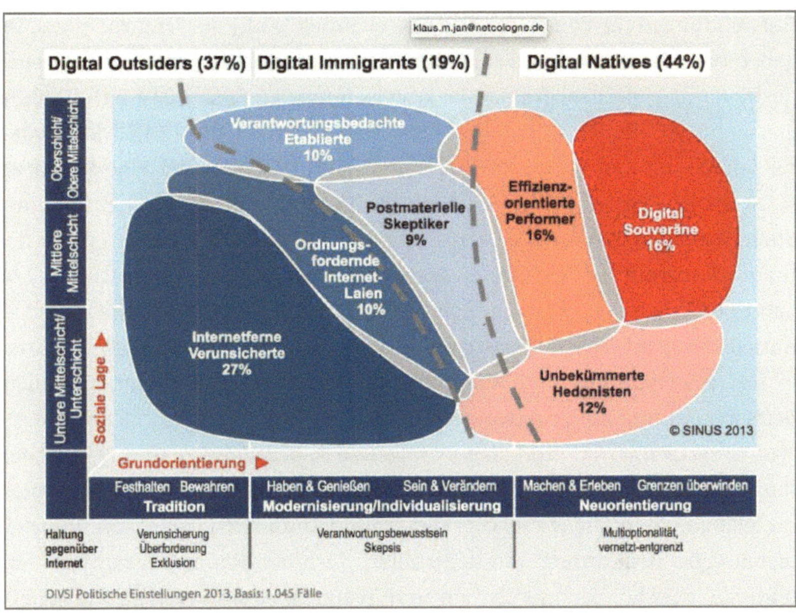


Abbildung 33: Digitale Sinus-Milieus 2013[329]

Aus der Abbildung 33 wird deutlich, dass die insgesamt sieben Milieus in drei große Gruppen unterteilt werden können. Dazu gehören die „Digital Outsiders" (37 Prozent), die „Digital Immigrants" (19 Prozent) und die „Digital Natives", die mit 44 Prozent den größten Anteil besitzen.[330] Für Werbetreibende ist das eine interessante Feststellung, da also 63 Prozent der Menschen online affin sind und lediglich 37 Prozent bisher über Online-Medien nicht erreichbar zu sein scheinen.

### 7.1.2 Technologische Einflussfaktoren

Neue Technologien beeinflussen massiv das Verhalten und die Entwicklung von Organisationen, Märkten und Konsumenten. So wirken sich technologische Einflussfaktoren beispielsweise auf die Wertschöpfungsprozesse der Unternehmen aus. Der technologische Fortschritt schreitet immer schneller voran, da die Produktlebenszyklen immer kürzer werden. Das führt dazu, dass der Druck auf die Unternehmen steigt. Als Indikator in diesem Bereich gelten unter anderem die

---

[329]  Vgl. Janowitz (2015), [Stand 27.03.2015]
[330]  Vgl. divsi.de (2016), [Stand 20.06.2016]

Aufwendungen für Forschung und Entwicklung (FuE) der Unternehmen. Die Ausgaben für FuE sind in Deutschland in den letzten Jahren gestiegen, wie auch Bundesforschungsministerin JOHANNA WANKA bestätigt: "Für 2014 hat die Bundesregierung über alle Ressorts trotz enger Haushaltsvorgaben 14,63 Milliarden Euro für Forschung und Entwicklung veranschlagt. Das bedeutet eine Steigerung von mehr als 60 Prozent seit 2005. Auch für 2015 sind im Bundeshaushalt an dieser Stelle weitere substantielle Steigerungen vorgesehen."[331] Damit ist die deutsche Innovationskraft im Vergleich zu anderen europäischen Staaten als sehr hoch einzuordnen. Auch in diesem Bereich sind die Digitalisierung und die unaufhaltsame Entwicklung des Internets als einflussreichste Aspekte zu nennen.[332] Fortschritte in der Informations- und Kommunikationstechnologie revolutionieren die Arbeitsabläufe und steigern somit die Effizienz.[333] Für die WIRTSCHAFTSPSYCHOLOGISCHE GESELLSCHAFT (WPGS) sind es folgende Aspekte die zukünftig entscheidende Auswirkungen auf die Unternehmen haben: Maschinen übernehmen zunehmend die ehemaligen Tätigkeiten von Menschen (Automatisierung), die Informationstechnologie strukturiert und kontrolliert Termine, Räume, Verantwortlichkeiten und vieles mehr. Kommunikation und Teamarbeit sind virtuell und über große Distanzen möglich - was ebenfalls für Geschäftsreisen gilt. Zudem erfolgt ein deutlicher und langfristiger Abbau von gering qualifizierter Tätigkeit und ein wachsender Qualifikationsdruck in Form von „Kompetenz" und "lebenslangem Lernen" wirkt auf die Mitarbeiter ein.[334] Dazu ist in vielen Gesellschaften eine schrumpfende Mittelschicht zu beobachten. Reiche Personen werden immer reicher, Arme dagegen immer ärmer. Folglich wachsen die Märkte im Premium- und Niedrigpreis-Segment und das Mittelpreis-Segment schrumpft. Dieser Effekt der vertikalen Polarisierung der Konsumenten wird in Fachkreisen als so genannter „Stundenglaseffekt" bezeichnet (siehe Abbildung a11 im Anhang).[335] Und auch das Konsumentenverhalten wird durch die Technologien beeinflusst. Die Digitalisierung schreitet dabei so rasant voran, dass Dinge mit denen die Menschen aufwachsen schon kurze Zeit später bereits wieder verschwunden sind, da sie von weiteren Innovationen überholt wurden. Der Zukunftsforscher GÁBOR JÁNSZKY hat

---

[331]  bmbf.de (2015), [Stand 23.01.2015]
[332]  Vgl. Runia u.a. (2015), S. 14
[333]  Vgl. Sztuka (2016), [Zugriff 16.11.2016]
[334]  Vgl. wpgs.de (2016), [Stand 05.12.2016]
[335]  Vgl. wpgs.de (2016), [Stand 05.12.2016]

2014 in Zusammenarbeit mit der Huffington Post 17 Technologien identifiziert, die bis zum Jahr 2020 kaum bis gar nicht mehr existieren sollen. Dazu gehören unter anderem Desktop-PCs, Fahrkartenautomaten, Digitalkameras und Festnetztelefone.[336] Der hohe Innovationsdruck, der folglich auf den Unternehmen lastet, kann jedoch auch ein Risiko darstellen. Das beste Beispiel dafür ist das japanische Unternehmen Samsung, dass 2016 durch explodierende Smartphones in die Schlagzeilen geriet. Die immer kürzer werdenden Produktlebenszyklen führen nämlich zeitgleich auch dazu, dass auch Test- und Entwicklungsphasen verkürzt werden.

### 7.1.3 Ökologische Einflussfaktoren

Das Umweltbewusstsein der Konsumenten steigt, sodass auch die Nachfrage nach Öko- und Recyclingprodukten zunimmt. Zentrale Aspekte im 21. Jahrhundert sind die Themen Klimawandel oder die Vermeidung von Plastikmüll. Diese haben zur Folge, dass sich ein anhaltender Biotrend entwickelt und zudem ist der Wunsch nach einer nachhaltigen Entwicklung zu beobachten. Sichtbar wird diese Tendenz in der Gruppe derjenigen, die einen Lifestyle of Health and Sustainability (LOHAS) bevorzugen.[337] Durch das bewusste Einkaufsverhalten ergeben sich neue Schwerpunkte für Unternehmen. Sie müssen ihre Produktionsprozesse und den Ressourceneinsatz immer transparenter gestalten. Nicht umsonst bieten etwa Fleischanbieter den Konsumenten Zusatz- und Hintergrundinformationen zur Herstellung und Tierhaltung via Mobile Tagging in Form von QR-Codes auf den Verpackungen an. Im Marketing entwickelt sich parallel dazu ebenfalls eine „grüne Bewegung", die als „Green Marketing" betitelt wird. „Green-Marketing" resultiert daraus, dass aufmerksame Konsumenten immer kritischer beim Kauf von Produkten sind.[338] Die Digitalisierung lässt den Bedarf an Smartphones, Tablet-PCs und Smart-TVs deutlich steigen. Die Herstellung dieser Geräte impliziert jedoch auch gleichzeitig große Auswirkungen auf die Umwelt sowie den Ressourcenverbrauch. Die Nutzungsdauer der Produkte ist dabei entscheidend, um eine „ressourceneffiziente Kreislaufwirtschaft"[339] zu schaffen. Das Umweltbundesamt hat dazu eine Studie zur Ermittlung von Ursachen und Strategien gegen Obsoleszenz in Auftrag gege-

---

[336] Vgl. Klöckner (2014), [Stand 20.03.2014]
[337] Vgl. Runia u.a. (2015), S. 14
[338] Vgl. lifeverde.de (2016), [Stand 05.10.2016]
[339] oeko.de (2016), [Stand 15.02.2016]

ben. „Eine optimale Lebensdauer insbesondere von elektronischen und elektrischen Produkten ist mit Blick auf die Umwelt von zentraler Bedeutung. Vor allem der steigende Anteil von Geräten, die in den frühen Phasen der Nutzung ausgetauscht werden, muss künftig verhindert werden."[340] Neben der Mindestlebensdauer der Produkte spielt dabei auch das Konsumentenverhalten eine wichtige Rolle. Auffällig ist, dass Verbraucher vermehrt noch funktionierende Geräte austauschen. Viele Unternehmen haben die Bedeutung von nachhaltigem Wirtschaften in Folge Öko-Trends erkannt und längst aufgegriffen. „Ein Mehr an Nachhaltigkeit führt zu einem Mehr an Geschäftserfolg", betonte Schmid, Chief Sustainability Officer von SAP. Der deutsche Softwarehersteller gilt als Vorreiter im Bereich der Nachhaltigkeit.[341] Doch auch Procter & Gamble erachtet ressourcenschonende Wertschöpfung als sehr bedeutend und hat bereits messbare Nachhaltigkeitsziele bei sich verankert. So strebt das Unternehmen bis 2020 an, den Recyclat-Anteil von Kunststoffverpackungen auf insgesamt 52.000 Tonnen zu verdoppeln. Auch die Reduzierung der direkten und indirekten Treibhausgasemissionen um 30 Prozent soll bis 2020 vollzogen sein.[342] Das Engagement der Unternehmen wirkt sich darüber hinaus auch auf deren eigenen Ressourcen in Form von Humankapital aus. So bezieht sich die Frankfurter Allgemeine Zeitung (FAZ) auf Umfrageergebnisse von STATISTA, die belegen, dass immer mehr junge Menschen lieber für einen nachhaltigen Arbeitgeber tätig sind. Bei den Personen zwischen 21 und 34 Jahren entspricht dies sogar knapp einem Anteil von 49 Prozent der Befragten (siehe Abbildung a12 im Anhang).[343]

### 7.1.4 Politisch-rechtliche Einflussfaktoren

Auch hier führt die Digitalisierung zu Veränderungen bzw. zu Herausforderungen. Durch das Medium Internet lassen sich nationale Rechtsvorschriften kaum mehr realisieren und kontrollieren. Im Netz gibt es schließlich keine Grenzen zwischen den einzelnen Ländern. In Deutschland bietet das Grundgesetz den Rechtsrahmen für die Kommunikation über Medien. Generell gilt die allgemeine Informations- und Pressefreiheit.[344] Im Artikel fünf des Grundgesetzes ist dazu Folgendes

---

[340] Vgl. oeko.de (2016), [Stand 15.02.2016]
[341] Vgl. Hellener (2016), [Stand 08.04.2016]
[342] Vgl. Knecht (2016), [Stand 18.07.2016]
[343] Vgl. faz.net (2014), [Stand 07.07.2014]
[344] Wilke (2012), [Stand 31.05.2012]

schriftlich verankert: „Jeder hat das Recht, seine Meinung in Wort, Schrift und Bild frei zu äußern und zu verbreiten und sich aus allgemein zugänglichen Quellen ungehindert zu unterrichten. Die Pressefreiheit und die Freiheit der Berichterstattung durch Rundfunk und Film werden gewährleistet. Eine Zensur findet nicht statt."[345] Laut THEOBALD sind die bestehende Wirtschaftordnung, die Außenpolitik sowie die Stabilität eines Staates die wesentlichen Determinanten für Unternehmen im politischen Umfeld. Staaten, die auf einer Demokratie basieren, wie zum Beispiel Deutschland, agieren in der Regel in einer freien Marktwirtschaft. Das eigenmächtige Handeln untereinander und im internationalen Kontext führt dazu, dass auch der Konkurrenzdruck steigt – insbesondere in Zeiten des Käufermarkts in Verbindung mit gesättigten Märkten.[346] Vor allem für Deutschland ist die Außenpolitik ein wichtiger Faktor, da Deutschland als einer der Exportweltmeister in gewisser Weise von intakten Handelsbeziehungen abhängig ist. Aktuellen Diskussionsstoff bietet in diesem Zusammenhang das angestrebte TISA-Abkommen. Bei dem Abkommen namens „Trade in Services Agreement (TISA) handelt es sich um ein Dienstleistungspendant, welches das bestehende Transatlantische Freihandelsabkommen (TTIP) erweitern soll. Dadurch soll der internationale Handel mit Dienstleistungen erleichtert werden. Die größten Kritikpunkte innerhalb beider Abkommen bestehen dabei im Verbraucher- und Datenschutz.[347] Aufgrund des Ausgangs der US-Wahl zugunsten von Donald Trump bleibt jedoch zunächst abzuwarten, was mit dem angestrebten TISA-Abkommen geschieht, da er dieses in seinem Wahlkampf scharf kritisierte. Der Datenschutzbeauftragte JOHANNES CASPAR warnt jedenfalls eindringlich vor dem fließenden Datenaustausch zwischen der EU und den USA: „Dieses Abkommen bereitet eine Relativierung vor, die unseren Rechtsmaßstäben widerspricht".[348] Gemäß Status quo dürfen beispielsweise keine Daten von europäischen WhatsApp-Nutzern mit dem in den USA beheimateten Unternehmen Facebook ausgetauscht werden. Grund dafür ist das so genannte „Marktort-Prinzip". Demnach gilt für europäische Firmen EU-Recht und WhatsApp hat seinen Hauptsitz in Hamburg.[349] Geregelt ist die Nutzung und Verarbeitung personenbezogener Daten in der Datenschutz-Grundverordnung, die

---

[345] Fechner/Mayer (2012), 1GG S. 2
[346] Vgl. Theobald (2016), [Zugriff 15.12.2016], S. 4
[347] Vgl. Albert (2016), [Stand 25.11.2016]
[348] Vgl. Albert (2016), [Stand 25.11.2016]
[349] Vgl. Albert (2016), [Stand 25.11.2016]

europaweit gilt. Diese ist am 24. Mai 2016 in Kraft getreten und ersetzt somit die vorherige Verordnung in Form einer Richtlinie aus dem Jahr 1995. Auch für die Entwicklung des Mobile Marketings und dementsprechend auch für Augmented Reality als Mobile-Marketinginstrument sind die politisch-rechtlichen Aspekte nicht unwesentlich. Verschärfte Datenschutzbestimmungen könnten den Einsatz von Technologien wie AR bedeutend einschränken.

## 7.2 SWOT-Analyse

Die SWOT-Analyse ist ein strategisches Instrument für Unternehmen, um vornehmlich die eigene Ist-Situation zu untersuchen und angesichts derer zukünftige Soll-Werte zu ermitteln. Dabei dient sie „zur Zusammenfassung der Analysen des Unternehmens, um so die Kernaussagen komprimiert wiederzugeben."[350] Das Analysetool ist auf den amerikanischen Professor ANDREWS zurückzuführen und kann entweder zur Analyse des gesamten Unternehmens oder aber zur genaueren Betrachtung einzelner Geschäftsfelder, Produkte oder Produktgruppen dienen.[351] Die SWOT-Analyse, die in der Literatur teilweise auch als SOFT- oder TOWS-Analyse bezeichnet wird, beinhaltet die Termini Stärken (Strengths), Schwächen (Weaknesses), Chancen (Opportunities) und Risiken (Threats). Als Stärke wird ein eigener Wettbewerbsvorteil deklariert, der nur mit großem Aufwand von der Konkurrenz eingeholt werden kann. Genau andersherum verhält es sich mit einer Schwäche. Welche Nutzenpotentiale sich für eine Unternehmung ergeben können, geht aus der Chancenanalyse hervor. Risiken dagegen stellen Bedrohungen für das Unternehmen dar. Die Verzahnung der Chancen und Risiken der externen Unternehmensumwelt mit den internen Stärken und Schwächen ist der Leitgedanke dieser Methode. Während sich die eigenen Stärken und Schwächen auf die aktuelle Ist-Situation beziehen, impliziert die Betrachtung der Chancen und Risiken gleichzeitig eine Zukunftsprognose. Die Ergebnisse werden dann in einer Vierfeld-Matrix, der SWOT-Matrix, manifestiert, um dann im Folgenden die entsprechenden Maßnahmen daraus abzuleiten. Innerhalb der Analyse werden also viele Detailinformationen zusammengeführt, die wiederum im Vorfeld mit Hilfe einzelner Analysen (z.B. Erfahrungskurvenanalyse) gesammelt wur-

---

[350] Ruda (2014), S. 5
[351] Vgl. Levknecht (2014), S. 37

den.[352] Ziel des gesamten Analyseprozesses ist es schließlich im Rahmen der strategischen Unternehmensplanung Wettbewerbsvorteile zu identifizieren, die dann die strategische Ausgangssituation bilden.[353] Auch im Marketingbereich ist diese Situationsanalyse ein wichtiges Instrument. Denn nur durch die „möglichst vollständige und genaue Erfassung der Umweltsituation"[354] können die notwendigen Marketingstrategien und die Zielsetzung abgeleitet werden. Einen Überblick über die Einordnung und Implementierung der strategischen Situationsanalyse ins Marketing bietet die Abbildung a13 im Anhang.

### 7.2.1 Analyse der externen Chancen und Risiken

Die Untersuchung der externen Faktoren, die sowohl Chancen als auch Risiken beinhalten können, deckt sich nahezu mit der zuvor erläuterten STEP-Analyse. Eine gründliche Analyse ist ein wichtiger Erfolgsfaktor für die Zukunft, da die dadurch ermittelten Daten als „bestimmende Merkmale der Strategieformulierung"[355] gelten. Wichtig ist dabei die Überprüfung von möglichen Auswirkungen oder Potentialen sowie die Kontrolle derer Eintrittswahrscheinlichkeit. Aufgrund der immer kürzer werdenden Produktlebenszyklen und der hohen Umweltdynamik besitzen viele größere Unternehmen bereits eigene Abteilungen, die sich explizit um das Risikomanagement kümmern. Nur so können so genannte „strategische Diskontinuitäten"[356] frühzeitig erkannt werden. Der von ANSOFF geprägte Begriff der Diskontinuität ist die Bezeichnung für ein schwer vorhersehbares Ereignis, dass entweder Chancen oder Risiken darstellen kann.[357] Innerhalb der SWOT-Analyse wird bei der Chancen-Risiken-Analyse zwischen der globalen Umwelt und der Wettbewerbsumwelt differenziert, wobei die globalen Umweltfaktoren oft nicht detailliert betrachtet werden. Aus diesem Grund dienen die Ergebnisse der STEP-Analyse als Ergänzung. Unternehmen betrachten vornehmlich die eigene Ist-Situation, um daraus dann Chancen und Risiken abzuleiten. Generell dienen Checklisten innerhalb der SWOT-Analyse dazu, um schrittweise die bekannten Determinanten wie politisch-rechtliche, makro-ökonomische, sozio-

---

[352] Vgl. Meffert u.a. (2012), S. 241
[353] Vgl. Levknecht (2014), S. 38
[354] Meffert u.a. (2012), S. 235
[355] Vgl. Levknecht (2014), S. 38
[356] Vgl. Meffert u.a. (2012), S. 237
[357] Vgl. Meffert u.a. (2012), S. 237

kulturelle oder technologische Aspekte zu erfassen (siehe Kapitel 7.1). Die Problematik innerhalb der Analyse der globalen Umwelt besteht vor allem darin, dass Unternehmen zumeist keinen Einfluss auf die Rahmenbedingungen sowie die Entwicklungen haben. Gerade deshalb ist eine frühzeitige Erkennung und Erfassung essentiell, um sich darauf einzustellen und sich daran auszurichten. Die folgende Tabelle 3 fasst die Erfolgsgrößen der globalen Umwelt nochmals zusammen:

| Erfolgseinflussgrößen der globalen Umwelt | Chancen | Risiken |
|---|---|---|
| Politisch-rechtliche Aspekte (Produktbeschaffungs-, Arbeits- und Gesellschaftsrecht, Entwicklungen) | | |
| Makro-ökonomische Aspekte (Kaufkraft, BIP, Währungssysteme, Inflation, Wechselkurse) | | |
| Sozio-kulturelle Aspekte (Wertewandel, soziale Milieus, Demo-graphie, gesellschaftliche Entwicklungen) | | |
| Ökologische Aspekte (Unwelthaftung, Knappheit, natürliche Ressourcen, Recycling) | | |
| Technologische Aspekte (kürzer werdenden Produktlebenszyklen, Technologiefolgenabschätzung, Innovationen) | | |

Tabelle 3: Analyse der globalen Umwelt[358]

Betrachtet ein Unternehmen seine direkte Wettbewerbsumwelt, so ergibt sich daraus die Kunden-, die Markt- und die Konkurrenzanalyse. Diese Dreierkonstellation wird in der Literatur als so genanntes „magisches Dreieck"[359] bezeichnet. Besonders relevante Aspekte stellen für LEVKNECHT in diesem Zusammenhang zum einen die Abnehmerperspektive und zum anderen die Marktsegmentierungsanalyse dar. Aus Unternehmenssicht ist es unerlässlich, das Verhalten und die Bedürfnisse der Marktteilnehmer und potentiellen Abnehmer zu kennen.

---

[358] Vgl. Eigene Darstellung in Anlehnung an Levknecht (2014), S. 39
[359] Vgl. Levknecht (2014), S. 38

Darüber hinaus kann eine zielgenaue Ansprache nur dann erfolgen, wenn die Charakteristika der verschiedenen Zielgruppen bekannt sind und berücksichtig werden.[360] In der Tabelle 4 „Analyse der Abnehmer-/ Kundengruppen im relevanten Markt / in Marktsegmenten" sind mögliche entscheidungsrelevante Perspektiven aufgeführt:

| Bestimmungsfaktoren | Chancen | Risiken |
|---|---|---|
| Trends | | |
| Preissensibilität / Informationsverhalten | | |
| Qualitäts- und Imagenutzen | | |
| Kaufhäufigkeit | | |
| Kaufverhalten | | |
| Veränderungen in der Bedürfnisstruktur | | |
| Einstellungen | | |
| Einkaufsstättenwahl | | |

Tabelle 4: Analyse der Abnehmer-/Kundengruppen im relevanten Markt/in Marktsegmenten[361]

Zu den Bestimmungsfaktoren der Kundenanalyse gehören somit unter anderem: Trends, Kaufverhalten, Veränderungen in der Bedürfnisstruktur oder generelle Einstellungen der Konsumenten. Im nächsten Analyseschritt erfolgt eine Betrachtung des Marktes. Um dazu abschießend die Marktattraktivität zu bewerten, müssen sämtliche Marktcharakteristika untersucht werden. Die in der Tabelle 5 aufgeführten Kriterien stammen aus der PIMS-Studie. „Der Grundgedanke der PIMS (Profit Impact of Market Strategy)-Studie liegt in der ´Ermittlung strategischer` Erfolgsfaktoren für die Marketingplanung. Strategische Erfolgsfaktoren sollen Hinweise auf Erfolg beeinflussende Merkmale strategischer Geschäftseinheiten geben."[362] Das Konzept ist 1960 als ein Projekt des US-amerikanischen Konzerns General Electric entstanden. Die Studie basiert auf einem standardisierten Fragebogen, der mittels einer linearen Regressionsanalyse ausgewertet wurde.[363] Aus

---

[360] Vgl. Levknecht (2014), S. 38

[361] Vgl. Eigene Darstellung in Anlehnung an Levknecht (2014), S. 40

[362] Olbrich (2006), S. 78

[363] Vgl. Olbrich (2006), S. 78

dieser Erfolgsfaktorenanalyse sind letztendlich insgesamt 37 unabhängige Variablen hervorgegangen. Bei der strategischen Marketingplanung sind jedoch primär die auf den Absatzmarkt gerichteten Komponenten interessant, wie Marktanteil oder Produktqualität.[364]

| Erfolgseinflussgrößen der PIMS-Studie | Chancen | Risiken |
|---|---|---|
| Marktpotential: Größe des relevanten Marktes, Entwicklung des Marktwachstums | | |
| Preiselastizität/ -entwicklungen/ -niveau | | |
| Kaufhäufigkeit und –umfang | | |
| Position im Marktlebenszyklus | | |
| Konzentrationsgrad auf Anbieter – und Abnehmerseite | | |
| Investitionsintensität | | |
| Erwartungsanspruch an Distribution und Service | | |
| Energie- und Rohstoffversorgung | | |
| Globale Unternehmensumwelt wie z.B. Abhängigkeiten von der Gesetzgebung | | |
| Markttendenzen | | |
| Gewinnsituation und –potentiale | | |
| Trends und Tendenzen der Umwelt | | |
| Handel (Bedeutung von Geschäftstypen, Handelsmarken, Kooperationsverhalten) | | |
| Energie- und Rohstoffversorgung | | |

Tabelle 5: Determinanten der Marktcharakteristika[365]

Die letzte Komponente des „magischen Dreiecks" stellt die Konkurrenzanalyse dar. Diese ist vor allem für die anschließende Stärken-Schwächen-Analyse fundamental. In der Praxis findet hierbei das Instrument des Benchmarkings häufige Anwendung. Als Referenzmaß zur eigenen Leistungsbeurteilung dienen dem Unternehmen Vergleiche mit Konkurrenten, die in einem bestimmten Teilbereich auf

---

[364] Vgl. Olbrich (2006), S. 78
[365] Vgl. Eigene Darstellung in Anlehnung an Levknecht (2014), S. 40

dem Markt führend sind. Dadurch werden Leistungslücken zwischen dem eigenen Status quo und dem „best-practice"-Unternehmen offenbart. Nach der Feststellung der Unterschiede gilt es dann die Gründe zu ermitteln, um die Diskrepanz bestenfalls gänzlich zu kompensieren.[366] Daher wird das Instrument auch in der Fachliteratur häufig als Wettbewerbsvergleichsanalyse bezeichnet. Die Schwierigkeit dieses Analysetools besteht jedoch in der Zugänglichkeit der notwendigen Daten der Konkurrenz, da diese zwecks Markenschutzes in der Regel nicht immer frei zur Verfügung stehen. Auf eine klassische Konkurrenzanalyse wird in dieser Arbeit verzichtet, da sich die Frage, ob sich AR als nachhaltiges Marketinginstrument durchsetzt oder nicht, eben nicht auf ein konkretes Unternehmen bezieht.

### 7.2.2 Analyse der Stärken und Schwächen im Unternehmen

Um einen möglichst realitätsgetreuen und objektiven Eindruck von der Ist-Situation zu bekommen, wird die Unternehmensanalyse herangezogen. Diese stellt also die Berücksichtigung der internen Perspektive sicher. Für die interne Analyse gibt es ebenfalls verschiedene Verfahren wie beispielsweise die Ressourcenanalyse. Durch die Datenbewertung mittels eines Scoring-Modells lassen sich die Ergebnisse am Ende in einem Stärken-Schwächen-Profil visualisieren.[367] Zur erfolgreiche Durchführung dieser Analyse empfiehlt MEFFERT eine dreistufige Vorgehensweise. Diese beinhaltet erstens die Erstellung eines Ressourcenprofils, zweitens die Ermittlung der eigenen Stärken und Schwächen und drittens die daraus resultierende Identifikation spezifischer Kompetenzen.[368] Grundlage zur Bewertung bzw. zum Vergleich der eigenen Leistung mit den Mitbewerbern ist die Konkurrenzanalyse. Die Beobachtung der engsten Wettbewerber ist also sowohl in der externen Chancen-Risiken-Analyse als auch in der internen Unternehmensanalyse einzuordnen.

---

[366] Vgl. Meffert u.a. (2012), S. 410f.

[367] Vgl. Levknecht (2014), S. 46

[368] Vgl. Meffert u.a. (2012), S. 238

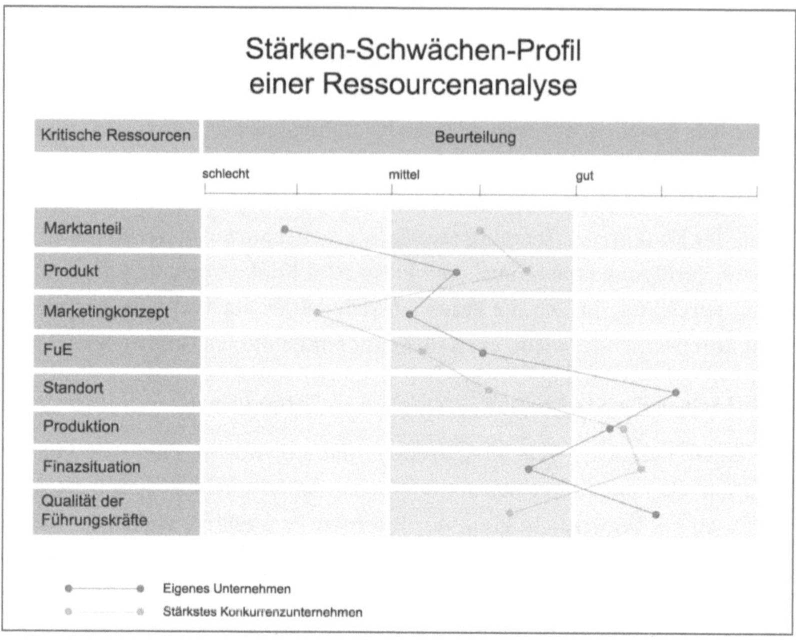


Abbildung 34: Stärken-Schwächen-Profil einer Ressourcenanalyse[369]

Wie anhand der Abbildung 34 deutlich wird, gibt es innerhalb des Stärken-Schwächen-Profils verschiedene „Kritische Ressourcen", die beurteilt werden. Zu den „Kritischen Ressourcen" können etwa Marktanteil, Produkt, Forschung und Entwicklung oder die Finanzsituation gezählt werden. Jedes Unternehmen sollte diese Faktoren im Idealfall für sich selbst festlegen, je nachdem welche sinnvoll erscheinen und welche weniger Relevanz besitzen. Die oben aufgeführten Aspekte dienen lediglich als Anhaltspunkte.

## 7.3 Übertragung der Analyseverfahren auf Augmented Reality

Sowohl die STEP als auch die SWOT-Analyse stellen Chancen und Risiken dar, die sich allesamt auf den Erfolg der AR-Technologie auswirken. Darüber hinaus werden mittels der SWOT-Analyse zudem die Stärken und Schwächen der Unternehmung oder in diesem Fall der AR-Technologie als Marketinginstrument analysiert. Bevor es zu einer abschließenden Bewertung von AR kommt, werden die im Ver-

---

[369] Vgl. Eigene Darstellung in Anlehnung an Meffert u.a. (2012), S. 239

laufe der vorliegenden Arbeit erarbeiteten Aspekte schrittweise auf Augmented Reality übertragen.

**Analyse der globalen Umwelt in Bezug auf Augmented Reality als Marketing-Instrument**

| Erfolgseinflussgrößen der globalen Umwelt | Chancen | Risiken |
|---|---|---|
| Politisch-rechtliche Aspekte (Produktbeschaffungs-, Arbeits- und Gesellschaftsrecht, Entwicklungen) | (Grauzone) | Datenschutzbestimmungen, Big Data, gläserner Mensch, Datenmissbrauch |
| Makro-ökonomische Aspekte (Kaufkraft, BIP, Währungssysteme, Inflation, Wechselkurse) | zunehmende Kaufkraft | |
| Sozio-kulturelle Aspekte (Wertewandel, soziale Milieus, Demo-graphie, gesellschaftliche Entwicklungen) | Smartphone-Nutzung, Smartphone-Penetra-tion, Digital Natives | |
| Ökologische Aspekte (Unwelthaftung, Knappheit, natürliche Ressourcen, Recycling) | | Recycling |
| Technologische Aspekte (kürzere Produktlebenszyklen, Technologiefolgenabschätzung, Innovationen) | Innovationsdruck, E-Commerce / M-Commerce | Innovationsdruck, kürzere Produktlebenszyklen |

Tabelle 6: Analyse der globalen Umwelt in Bezug auf AR[370]

Bezieht man die „Analyse der globalen Umwelt" auf Augmented Reality, so werden einerseits Chancen und andererseits gleichzeitig auch Risiken erkennbar. Die politisch-rechtlichen Aspekte stellen in diesem Kontext vor allem ein Risiko dar. In Zeiten von BigData, in denen die Daten des gläsernen Menschen auch oft zu Missbrauch führen, prüfen Datenschützer sowie Verbraucherschützer sämtliche Vorgänge auf Ordnungswidrigkeit bzw. Legalität. Es ist davon auszugehen, dass es in naher Zukunft weitere Gesetze und Richtlinien im Bereich des Datenschutzes insbesondere in Bezug auf Online-Medien geben wird, um alle rechtlichen Grauzonen zu beseitigen. Es bleibt also abzuwarten, welche innovativen Leistungen die

---

[370] Vgl. Eigene Darstellung in Anlehnung an Levknecht (2014), S. 39

Technologie dann unter legalen Bedingungen realisieren kann. Makroökonomische Aspekte dagegen beinhalten beispielsweise die Kaufkraft. Vor allem für kostenintensive, AR-basierte Hardware in Form von Weareables oder Gadgets stellt diese Größe eine Chance dar, solange die Kaufkraft zunimmt. Die soziokulturellen Faktoren wirken sich positiv auf AR aus. Sowohl die Smartphone-Nutzung als auch -Penetration sind stark steigend und die Konsumenten sind somit „always on". Demnach bilden sich laut Sinus-Institut bereits ganze Online-Milieus innerhalb der Gesellschaft heraus, wozu unter anderem die Digital Natives zählen. Bei den technologischen Aspekten ist insbesondere der Innovationsdruck zu nennen. Dieser kann sich einerseits positiv als Chance darstellen, andererseits jedoch auch als Risiko. Zum einen basiert AR auf technischen Innovationen zum anderen kann es dadurch auch schnell „out" sein oder zumindest als Instrument im Bereich Mobile wegfallen. Schließlich bleibt abzuwarten, wie lange das Smartphone-Zeitalter anhält oder was danach entwickelt wird. Die Verschiebung der Verkaufswege hin zu E- und M-Commerce ist eine große Chance für AR.

**Analyse der Wettbewerbsumwelt in Bezug auf Augmented Reality als Marketing-Instrument**

Um das Wettbewerbsumfeld zu analysieren, werden in diesem Zusammenhang eine Kunden- und eine Marktanalyse durchgeführt.

**Kundenanalyse**

| Bestimmungsfaktoren | Chancen | Risiken |
|---|---|---|
| Trends | Konnektivität | |
| Preissensibilität / Informationsverhalten | gutes Networking, positive Bewertungen | informierte, kritische Konsumenten |
| Qualitäts- und Imagenutzen | | |
| Kaufhäufigkeit | | |
| Kaufverhalten | online / mobil | aufmerksam, kritisch |
| Veränderungen in der Bedürfnisstruktur | | Bedürfnis der Nachhaltigkeit |

| Bestimmungsfaktoren | Chancen | Risiken |
|---|---|---|
| Einstellungen | „always on" | nicht online |
| Einkaufsstättenwahl | E-Commerce / M-Commerce | stationär |

Tabelle 7: Analyse der Abnehmer-/Kundengruppen im relevanten Markt/in Marktsegmenten in Bezug auf AR[371]

Bezieht man die Kundenanalyse auf die AR-Technologie, so ergeben sich auch hier Chancen und Risiken. Der Trend der Konnektivität, die Vernetzung zwischen Mensch und Maschine, stellt eindeutig eine Chance für neue Technologien wie AR dar. Auch auf das Informationsverhalten und die Preissensibilität kann sich AR positiv auswirken. Positive Bewertungen und gutes Networking schaffen eine breite Akzeptanz bei den Konsumenten. Den kritischen Fragen der informierten Abnehmer kann AR durch hilfreiche Zusatzinformationen sowie Hinweisen gerecht werden. Des Weiteren knüpft die Technologie an den Grundbedürfnissen des Menschen an. Die daraus resultierende SoLoMo-Bewegung ist ein Beleg dafür, dass sich die ursprünglichen, menschlichen Bedürfnisse in die digitale Welt übertragen lassen. Dass das Kaufverhalten der Kunden zunehmend mobil wird (M-Commerce), ist eine weitere Chance für AR. Die auf „always on" eingestellten Konsumenten können so durch das Smartphone als ihr persönliches Device sieben Tage und vierundzwanzig Stunden erreicht und unterhalten werden. Lediglich Marktteilnehmer, die – entgegen des Trends – keine Online-Affinität sowie hohe Smartphone-Nutzung vorweisen, können mittels AR nur schwierig erreicht werden.

**Marktanalyse**

| Erfolgseinflussgrößen der PIMS-Studie | Chancen | Risiken |
|---|---|---|
| Marktpotential: Größe des relevanten Marktes, Entwicklung des Marktwachstums | + 37 Prozent Marktwachstum, 80 Mrd. Euro Marktpotential bis 2025 | |
| Preiselastizität/ -entwicklungen/ -niveau | | |

---

[371] Vgl. Eigene Darstellung in Anlehnung an Levknecht (2014), S. 40

| Erfolgseinflussgrößen der PIMS-Studie | Chancen | Risiken |
|---|---|---|
| Kaufhäufigkeit und -umfang | | |
| Position im Marktlebenszyklus | | |
| Konzentrationsgrad auf Anbieter – und Abnehmerseite | | |
| Investitionsintensität | hoch (viele Innovationen) | hoch (Kosten für einzelne Unternehmen) |
| Erwartungsanspruch an Distribution und Service | online / mobil 24 Stunden hohe Erwartungen | |
| Energie- und Rohstoffversorgung | | |
| Globale Unternehmensumwelt wie z.B. Abhängigkeiten von der Gesetzgebung | | Datenschutzgesetze, Richtlinien |
| Markttendenzen | | |
| Gewinnsituation und -potentiale | 80 Mrd. Euro Marktpotential bis 2025 | |
| Trends und Tendenzen der Umwelt | Nachhaltigkeit | |
| Handel (Bedeutung von Geschäftstypen, Handelsmarken, Kooperationsverhalten) | E-Commerce / M-Commerce | |
| Energie- und Rohstoffversorgung | | |

Tabelle 8: Determinanten der Marktcharakteristika in Bezug auf AR[372]

Bei Betrachtung der allgemeinen Marktcharakteristika überwiegen in Bezug auf AR vor allem die Chancen. Das Marktpotential schätzen Experten bis 2025 auf bis zu 80 Milliarden Euro (siehe Kapitel 6.1) und alleine in Deutschland wird mit einem Marktwachstum von 37 Prozent gerechnet. Weitere relevante Aspekte stellen die Investitionsintensität sowie der Erwartungsanspruch an Distribution und Service seitens der Konsumenten dar. Aufgrund der Tendenz zu kürzeren Produktlebenszyklen und immer schnelleren technologischen Entwicklungen ist die Innovationsintensität hoch. Für Augmented Reality ist dies eine Chance, da die notwendigen technischen Voraussetzungen stets verbessert werden. Somit wer-

---

[372] Vgl. Eigene Darstellung in Anlehnung an Levknecht (2014), S. 40

den die Anwendungen noch realitätsgetreuer und gewinnen an Effizienz. Für Unternehmen kann es jedoch auch als Risiko deklariert werden, da die AR-Technologie aktuell noch sehr kostenintensiv ist. Der Einsatz sollte also im Vorfeld gut durchdacht sein, insbesondere bei kleineren Unternehmen, bei denen das Marketingbudget geringer ausfällt. Durch eine stetig zunehmende Erwartungshaltung der Konsumenten besteht mit Augmented Reality die Möglichkeit einer zielgenauen, personenspezifischen Ansprache. Des Weiteren fordern diese jedoch auch von den Unternehmen eine ständige Kommunikation, damit die Touchpoints mit dem Unternehmen attraktiv gestaltet sind und so nachhaltig das Interesse wecken. Das größte Risiko in diesem Zusammenhang besteht jedoch auch hier im Bereich der Gesetzgebung. Aufgrund dessen, dass Mobile Marketing nach wie vor ein neues Medium darstellt, fehlt eine umfassende Gesetzgebung. Trotzdem sind die Markttendenzen für AR insgesamt als positiv zu bewerten: Marktwachstum und -potential nehmen zu und auch die Veränderungen der Handelskanäle sowie des Kaufverhaltens der Konsumenten unterstützen das Medium Mobile und den mobilen Kanal in Form von M-Commerce.

**Analyse der Stärken und Schwächen in Bezug auf Augmented Reality als Marketing-Instrument**

Um die Stärken und Schwächen von AR herauszuarbeiten, wird in dieser Arbeit das Stärken-Schwächen-Profil der bekannten Ressourcenanalyse herangezogen. Statt wie gewohnt das eigene Unternehmen mit dem stärksten Konkurrenten oder dem Marktführer zu vergleichen, wird hier jedoch ein Vergleich zwischen AR und klassischen Instrumente durchgeführt. Die klassischen Instrumente bestehen in diesem Fall aus den Medien Print, TV und Radio. Als kritische Ressourcen werden hier Aspekte berücksichtigt, die speziell für Marketinginstrumente relevant sind, besonders in der Zukunft. Dazu gehören hier exemplarisch: Erfahrungswerte, Ubiquität, Lokalisierbarkeit, Interaktivität, Reichweite, Streuverluste, Notwendige Zustimmung seitens der Konsumenten und Darstellungsmöglichkeiten.

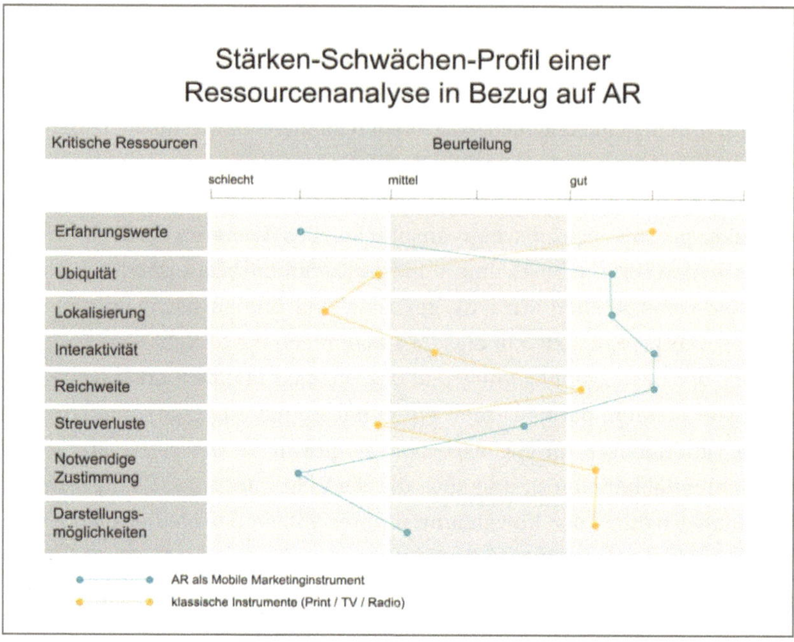


Abbildung 35: Stärken-Schwächen-Profil einer Ressourcenanalyse in Bezug auf AR[373]

Das Stärken-Schwächen-Profil in der Abbildung verdeutlicht, dass klassische Medien der neuen Technologie insbesondere im Bereich der Erfahrungswerte überlegen sind – was jedoch aufgrund der „Lebensdauer" nicht weiter verwunderlich ist. Punkte wie Ubiquität, Lokalisierung und Interaktivität zeigen den klassischen Medien im Vergleich zu AR jedoch deutlich die Grenzen auf. Eine Printanzeige beispielsweise erscheint einmal in einer Ausgabe und bietet wenig interaktiven Spielraum für die Leser. Anders sieht es aus, wenn diese Printanzeige um die AR-Technologie erweitert wird. Bei der Reichweite sind sowohl klassische als auch AR-basierte Instrumente gut zu bewerten. Der große Unterschied besteht allerdings in der Höhe der Streuverluste. Aufgrund der unpersonalisierten Ansprache sind diese im Bereich der klassischen Medien um ein Vielfaches größer. Anders verhält es sich da bei den beiden letzten Aspekten: Klassische Medien benötigen in der Regel keine Zustimmung des Rezipienten und darüber hinaus gibt es nahezu keine Gestaltungsgrenzen. Bei Augmented Reality ist jedoch, wie bei allen Mo-

---

[373] Vgl. Eigene Darstellung in Anlehnung an Meffert u.a. (2012), S. 239

bile-Marketingmaßnahmen, das Einverständnis des Users notwenig, um ihn zu kontaktieren. Außerdem stellen die Displays der mobilen Endgeräte eine weitere Determinante dar. Die verschiedenen Größen variieren nur geringfügig und dementsprechend ist der Gestaltungsspielraum deutlich geringer als bei klassischen Medienformaten.

## 7.4 Bewertung von Augmented Reality als Marketinginstrument

Die Ergebnisse der Analysen verdeutlichen einmal mehr das Potential von AR als nachhaltiges Mobile-Marketinginstrument. Die soziokulturelle Gesellschaftsentwicklung, technologische Rahmendingungen, das veränderte Mediennutzungsverhalten der Konsumenten begünstigt durch das Smartphone als Smart-Device und die zunehmende Verschiebung zum Mobile Commerce unterstreichen diesen Trend. Darüber hinaus veranschaulichen reale Beispiele aus der Praxis, dass einige Unternehmen – wenn auch bisher nur vereinzelnd – bereits erfolgreich mit dem neuartigen Instrument arbeiten. Die größte Herausforderung aus Unternehmenssicht besteht dabei jedoch vor allem in der lückenlosen Implementierung des Instruments in den bestehenden Marketing-Mix. Dieser Aspekt ist nicht zu unterschätzen, da die AR-Technologie große Auswirkungen auf alle Instrumente des gesamten Marketing-Mix hat. Augmented Reality ist somit ein übergreifendes Instrument, das alle Bereiche tangiert. Wie anhand der vorliegenden Arbeit ausführlich beschrieben, stellt die Kommunikationspolitik zwar den Bereich mit den meisten mobilen Einsatzmöglichkeiten dar, aber auch in der Produktpolitik, der Distributionspolitik oder der Preispolitik wird das neue Instrument bereits verwendet. Die folgende Abbildung 36 „SWOT-Analyse zur Bewertung von AR als Mobile-Marketinginstrument" veranschaulicht die Ergebnisse der Einzelanalysen inklusive der Erkenntnisse aus den vorherigen Kapiteln noch einmal und fasst diese anhand der bekannten Vierfeld-Matrix zusammen.

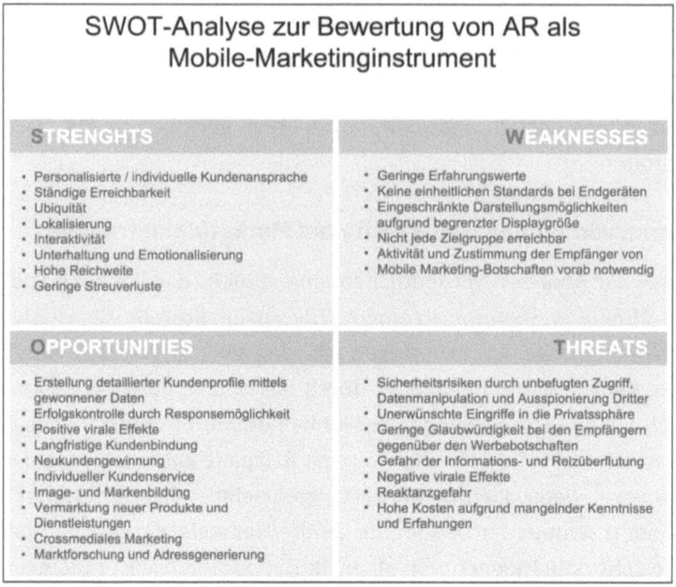

SWOT-Analyse zur Bewertung von AR als
Mobile-Marketinginstrument



Abbildung 36: SWOT-Analyse zur Bewertung von AR als Mobile-Marketinginstrument[374]

Die Abbildung 36 verdeutlicht zudem, dass neben den bestehenden Schwächen (Weaknesse) und Risiken (Threats), die die AR-Technologie mit sich bringt, insbesondere die Stärken (Strenghts) und Chancen (Opportunities) überwiegen. Es scheint also nur eine Frage der Zeit, wann die Unternehmen und dementsprechend auch die Konsumenten das bis dato „neue" Instrument als „ganz normal" erachten werden. Es ist jedoch davon auszugehen, dass sich die AR-Technologie zunächst noch weiter in der innerbetrieblichen Leistungserstellung der Unternehmen manifestiert, um so Prozesse und Abläufe zu optimieren und die Effizienz dieser zu steigern. Laut des jährlich veröffentlichten „Hype Cycle für neue Technologien" von GARTNER befindet sich Augmented Reality am Ende der zweiten von insgesamt fünf Phasen. Der Zirkel verdeutlicht, welche relevanten, branchenübergreifenden Technologien entstehen und in welcher Phase ihres Lebenszyklusses sich die einzelnen Innovationen befinden. Zu den Phasen gehören: Technology Trigger (Technologische Impulse), Peak of Inflatet Expactations (Höhepunkt der überzogenen Erwartungen), Trough of Disillusionment (Tiefpunkt der Ernüchterung), Slope of Enlightenment (Anstieg der Erkenntnis / Aufklärung) und Plateau

---

[374] Vgl. Eigene Darstellung in Anlehnung an Schneider (2015), S. 113

of Productivity (Produktivitätsplateau).[375] Nachdem in den Phasen eins und zwei sowohl die AR-Technologie als auch erste Erfolgsgeschichten publik wurden, werden nun Richtung Phase drei zunehmend auch erste Mängel und Misserfolge deutlich. In der bevorstehenden Phase gilt es für AR nun zu überzeugen, um sich im Wettbewerb gegen andere neuartige Technologien langfristig durchzusetzen. GARTNER schätzt die weitere Entwicklungsdauer von AR auf fünf bis zehn Jahre. Erreicht AR erfolgreich die letzte und fünfte Phase des Zyklusses, dann ist davon auszugehen, dass sie auch als „Mainstream-Technologie"[376] flächendeckend eingesetzt werden wird. Ab diesem Zeitpunkt wäre die intensive, branchenübergreifende Nutzung nur noch eine Frage der Zeit (siehe Abbildung a14 im Anhang). Es wird also sicherlich noch ein paar Jahre dauern, bis die Technik so ausgereift sein wird, dass die Konsumenten den Mehrwert und die nötige User Experience wahrnehmen werden, wodurch dann die breite Akzeptanz steigen wird. Denn nur wenn die Technik einfach zu handhaben ist und eine selbsterklärende Bedienweise vorliegt, hat AR auch eine Chance im Konsumgüterbereich. Die Grundvoraussetzung ist jedoch immer das Vorliegen eines mobilen Endgerätes auf Seiten der Verbraucher. In unterentwickelten Ländern mit beispielsweise geringer Smartphone-Penetration wird die Technik dementsprechend vorerst weniger Relevanz besitzen. Des Weiteren ist anzunehmen, dass sich AR als Instrument zuerst vornehmlich im Bereich der Luxusgüter wie beispielsweise in der Automobilindustrie durchsetzen wird. Dort sind sowohl das Involvement als auch die Erwartungen der Konsumenten größer als im Vergleich zu Verbrauchsgütern. Abschließend bleibt festzuhalten, dass erfolgreiches Marketing insgesamt durch so genannte „Trendperspektiven"[377] geprägt wird. Dabei können die einzelnen Entwicklungsstränge durchaus divergieren oder gegensätzlich erscheinen. So nehmen auf der einen Seite die Komplexität und Vielfalt zu, die dann zu Ausdifferenzierungsprozessen und Überschneidungen mit anderen Disziplinen (z. B. der Neurowissenschaft) führen. Auf der anderen Seite entsteht durch den „Informations-Overload" und die Intransparenz eine Verwirrtheit bei den Konsumenten, die dort zunehmend das Bedürfnis nach Vereinfachung weckt (Simple Marketing). Mit Augmented Reality als Marketinginstrument bietet sich die Chance, diese scheinbar konträr verlaufenden Trends zu vereinen.

---

[375] Vgl. Kreutzer (2014), S. 20f.
[376] Kreutzer (2014), S. 21
[377] Huber (2016), S. 22

# 8 Zusammenfassung und Ausblick

Die vorliegende Arbeit zeigt, dass Marketing ein dynamisches Konstrukt ist und sich somit den Gegebenheiten des Marktes und der gesamten Umwelt anpassen muss, um fortwährend zu funktionieren. Um die Konsumenten auch in Zeiten der Informationsüberflutung zu erreichen, werden sich immer neuere Marketinginstrumente im Marketing-Mix etablieren und durchsetzen. Ein Beispiel dafür ist die in dieser Arbeit ausführlich thematisierte Technologie der Augmented Reality. AR befindet sich gerade auf der Schwelle, um sukzessive ein vielseitig genutztes Marketinginstrument zu werden. Dabei besteht das Potential nicht nur in dem vereinzelten Einsatz der Technik sondern vielmehr auch in der Ergänzung der klassischen Instrumente. Laut MEHLER-BICHER / STEIGER und den Erkenntnissen dieser Arbeit wird sich AR zukünftig vor allem im Bereich des „Living Environment" durchsetzen. Folgende Abbildung 37 verdeutlicht den prognostizierten Einfluss von AR innerhalb ganz verschiedener Anwendungsszenarien:

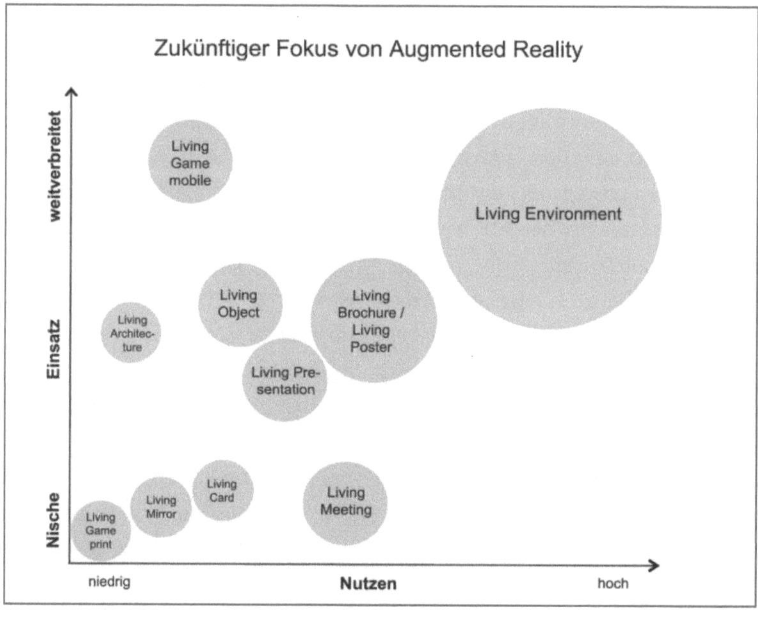


Abbildung 37: Zukünftiger Fokus von Augmented Reality[378]

---

[378] Vgl. Eigene Darstellung in Anlehnung an Mehler-Bicher/Steiger (2014), S. 131

Aus der Abbildung 37 geht deutlich hervor, dass aktuell im Bereich „Living Environment" vom größten Potential ausgegangen wird. Die Größe der einzelnen Kreise soll jeweils den geschätzten Marktanteil in der Zukunft visualisieren. „Living Environment" definieren MEHLER-BICHER / STEIGER wie folgt: „Als Living Environment bezeichnen wir alle AR-Anwedungen, die mit mobilen Systemen reale Umgebungen oder Einrichtungen mit Zusatzinformationen jeglicher Art wie Text, 2D- oder 3D-Objekten, Video- und Audiosequenzen erweitern."[379] Darüber hinaus werden auch die Bereiche „Living Brochure / Living Poster" und „Living Meeting" von der Technik tangiert. Trotz der innovativen, neuen Technologien wie AR dürfen jedoch auch die negativen Aspekte nicht komplett ausgeblendet werden. Welche Risiken gleichzeitig mit der Digitalisierung einhergehen, zeigen aktuelle, politische Geschehnisse eindrucksvoll. So steht keine geringere als die US-Wahl 2016 unter dem Verdacht, gezielt von Computerhackern manipuliert worden zu sein. Eine schwerwiegende Vermutung, die global betrachtet weitreichende Auswirkungen haben kann und gleichzeitig auch die Gefahren der Digitalisierung verdeutlicht. Neben den vielen nützlichen Vorteilen der Online-Angebote, stationär wie mobil, entsteht nämlich beispielsweise auch eine schwer greifbare und nicht zu unterschätzende Parallelwelt, das so genannte Darknet („Dunkles Netz"). Ebenso kritisch ist die digitale Transformation speziell in Deutschland zu betrachten – die laut KEESE verpasst worden ist. Während die wertvollsten Unternehmen sowohl aus der Digitalbranche als auch der USA stammen, rutschen deutsche Unternehmen in Folge des digitalen Defizits immer weiter ab. Die beiden wertvollsten Firmen, Bayer und Siemens, befinden sich mittlerweile nur noch auf Platz 66 und 88 der Weltrangliste.[380] Und alleine die Marktkapitalisierung von PayPal übertrifft den Wert der fünf größten börsennotierten deutschen Banken.[381] Das Technologieverständnis und die technologische Finesse sind im Silicon Valley und in asiatischen Unternehmen deutlich fortschrittlicher. Da eine technische Revolution auch immer eine soziale Revolution nach sich zieht, bleibt abzuwarten, inwiefern insbesondere deutsche Unternehmen von weiteren, neuen Technologien profitieren werden – auch im Bereich Marketing. Bei all den genannten Aspekten muss zudem auch immer bedacht werden, dass sich Marketing als dynamisches Konstrukt zwar mit der Makroumwelt mit- und weiterentwi-

---

[379] Mehler-Bicher/Steiger (2014), S. 125
[380] Vgl. Keese (2016), S. 14
[381] Vgl. Keese (2016), S. 14

ckelt, aber dass es dabei drei wesentlichen Determinanten unterliegt. Diese drei Faktoren: Beschränkung durch ethische Postulate, Beschränkung durch gesellschaftliche Akzeptanz bzw. Trends sowie Beschränkung durch die Rechtslage[382] haben letztendlich entscheidende Auswirkungen auf den Erfolg von Marketingmaßnahmen und die Verwendung neuer Technologien wie Augmented Reality. Nur wenn die Gesellschaft für neue Marketinginstrumente sozialisiert und sensibilisiert ist, können sich diese durchsetzen. Am Beispiel Augmented Reality wird die schrittweise Implementierung in das Marktumfeld deutlich. Meiner Meinung nach greift die Technologie genau die gesellschaftlichen Entwicklungen und Trends auf, sodass es sich bei AR um keinen reinen Hype handelt. Vielmehr wird sich AR als Marketinginstrument nachhaltig im Marketing-Mix etablieren.

---

[382] Vgl. Huber (2016), S. 26

# Literaturverzeichnis


**Bücher**

Auer, C.: *Performance Measurement für das Costumer Realtionship Management, Controlling des IKT-basierten Kundenbeziehungsmanagements.* 1. Auflage, Wiesbaden: Deutscher Universitäts-Verlag 2004.

Bauer, H. H./Dirks T./Bryant M. D.: *Erfolgsfaktoren des Mobile Marketing,* Heidelberg: Springer-Verlag Berlin Heidelberg 2008.

Barth, K./Hartmann, M./Schröder, H: *Betriebswirtschaftslehre des Handels.* 7. Auflage, Wiesbaden: Springer Gabler 2015.

Batke,T.: *Location-based-Services, Chancen und Perspektiven für ortsbasierte Unternehmenswerbung.* Hamburg: Bachelor + Master Publishing 2013.

Binckebanck, L./Elste, R: *Digitalisierung im Vertrieb. Strategien zum Einsatz neuer Technologien in Vertriebsorganisationen,* Wiesbaden, Springer Fachmedien 2016.

Bruhn, M: *Unternehmens- und Marketingkommunikation.* 2. Auflage, München: Franz Vahlen Verlag 2011.

Bruhn, M.: *Unternehmens- und Marketingkommunikation. Handbuch für ein integriertes Kommunikationsmanagement.* 2. Auflage, München: Vahlen Verlag 2012.

Dörner, R./Broll, W.: *Virtual und Augmented Reality (VR / AR). Grundlagen und Methoden der Virtuellen und Augmentierten Realität.* Springer Vieweg 2014.

Fechner, F./Mayer, J.C.: *Medienreicht, Vorschriftensammlung.* 9. Auflage, Heidelberg: C.F. Müller 2012.

Gelbrich, K./Wünschmann, S./Müller, S: *Erfolgsfaktoren des Marketing.* München. Verlag Vahlen 2008.

Haase, R.: M-Commerce und M-Payment, Anforderungen und Voraussetzungen an mittelständige Unternehmen, Hamburg: Diplomica Verlag 2015.

Halfmann, M: *Zielgruppen im Konsumentenmarketing, Segmentierungsansätze – Trends – Umsetzung.* Wiesbaden: Springer Fachmedien 2014.

Hegen, M: *Mobile Tagging, Potenziale von QR-Codes im Mobile Business.* Hamburg: Diplomica Verlag 2010.

Heinemann, Gerrit: *Der neue Online-Handel, Geschäftsmodelle und Kanalexzellenz im Digital Commerce.* 6 Auflage, Wiesbaden: Springer Gabler 2015.

Helmke, S./Scherberich, J. U./Uebel, M.: *LOHAS-Marketing, Strategie – Instrumente – Praxisbeispiele.* Wiesbaden: Springer Gabler 2016.

Hess, Thomas u.a.: *Mobile Anwendungen – Best Practice in der TIME-Branche, Sieben erfolgreiche Geschäftskonzepte für mobile Anwendungen.* Göttingen: Universitätsverlag 2005.

Holland, H.: *Digitales Dialogmarketing. Grundlagen, Strategien, Instrumente.* Wiesbaden: Springer Gabler 2014.

Huber, A.: *Marketing.* 3. Auflage, München: Fanz Vahlen Verlag 2016.

Jurt, J.: *TV-Werbung und Musik, Audiovisuelle Verführung mit Musik in Fernsehspots.* Hamburg: Diplomica Verlag 2013.

Keese, C.: *Silicon Germany. Wie wir die digitale Transformation schaffen.* 1. Auflage, München: Albrecht Knaus Verlag 2016.

Kirchner, S./Scheffel, T.: *Mobile Marketing, Mobile-Marketing-Instrumente und ihre Tauglichkeit zur Kundengewinnung und –bindung.* Hamburg: disserta Verlag 2012.

Koppay H.: *Entwicklung und Vermarktung von Handy-Apps. Einstieg in die Welt der mobilen Applikationen.* Hamburg: disserta Verlag 2012.

Kreutzer, R.T.: *Praxisorientiertes Online-Marketing. Konzepte – Instrumente – Checklisten,* 2. Auflage, Wiesbaden: Springer Gabler 2014.

Levknecht, G. (2014): *Analyseansätze im strategischen Management. Ein Kriterienvergleich der Portfolio- und SWOT-Analyse sowie des Lebenszykluskonzeptes.* Hamburg: Igel Verlag 2014.

Meffert, H./Burmann, C./Kirchgeorg, M.: *Marketing. Grundlagen marktorientierter Unternehmensführung.* 11. Auflage, Wiesbaden: Gabler Verlag 2012.

Mehler-Bicher, A./Steiger, L.: *Augmented Reality. Theorie und Praxis.* 2. Überarbeitet Auflage, München: Oldenbourg Wissenschaftsverlag 2014.

Meier, D.: *Strategische Unternehmensführung: Von der Vision zur Umsetzung.* Hamburg: Diplomica Verlag 2011.

Meyer, N.: *Die Zukunft des Marketing ist mobil! Grundlagen, Vorraussetzungen und Instrumente des Mobile Marketing.* Hamburg: Diploma Verlag 2014.

Olbrich, R. : *Marketing: Eine Einführung in die marktorientierte Unternehmensführung.* 2. Auflage, Berlin: Springer Verlag 2006.

Rohs, Christopher: *Die erweiterte Realität, Einsatzgebiete und Potential von Augmented Reality.* Hamburg: Diplomica Verlag 2012.

Ruda, W. (2014): *Management-Framework: Ganzheitliches Management.* 1. Auflage, Zweibrücken: Schriften der Fernstudiengänge MBA Vertriebsingenieur und MBA Marketing-Management 2014.

Runia, P. M./Wahl, F./Geyer, O/Thewißen, C.: *Marketing. Prozess- und praxisorientierte Grundlagen.* 4. Auflage, Berlin: De Gruyter Oldenbourg Verlag 2015.

Rück, H. R. G.: *Dienstleistungen in der ökonomischen Theorie.* 1. Auflage, Wiesbaden: Springer Fachmedien 2000.

Schart, D./Tschanz, N.: *Augmented Reality: Praxishandbuch.* Konstanz und München: UVK Verlagsgesellschaft 2015.

Schneider, S. H.: *Mobile Marketing – die moderne Marketingkommunikation. Die Integration von Mobile Marketing in den Marketing-Mix.* Hamburg: Igel Verlag RWS 2015.

Silberer, G./Wohlfahrt, J./Wilhelm, T.: *Mobile Commerce, Grundlagen, Geschäftsmodelle, Erfolgskontrollen.* 1. Auflage, Wiesbaden: Gabler Verlag 2002.

Steimel, B./Paulke, S./Klemann, J.: *Praxisleitfaden. Mobile Marketing. Status Quo, Erfolgsfaktoren, Strategien & Trends.* Meerbusch: mind Business Consultants 2008.

Traub, R./Hirsch, H.: *Virtuelle Realität im Marketing, Einsatzmöglichkeiten und Entwicklungstendenzen.* Hamburg: Diplomica Verlag 2000.

**Internet:**

absatzwirtschaft.de (2014): Mobile Marketing bleibt eine Herausforderung, elektronisch veröffentlicht: URL: http://www.absatzwirtschaft.de/mobile-marketing-bleibt-eine-herausforderung-17921/ [Stand 20.08.2014]

Albert, A. 2016): Datenschützer Caspar warnt vor Tisa-Abkommen, elektronisch veröffentlicht: URL:
http://www.spiegel.de/netzwelt/netzpolitik/tisa-verhandlungen-johannes-caspar-warnt-vor-aufweichung-von-eu-recht-a-1123074.html
[Zugriff 25.11.2016]

appfutura.com (2015): What´s Augmented Reality and how does it work?, elektronisch veröffentlicht: URL: https://www.appfutura.com/blog/whats-augmented-reality-and-how-does-it-work/ [Stand 05.01.2015]

audi.com (2016a): Vorsprung durch Technik, elektronisch veröffentlicht: URL:
http://www.audi.com/corporate/de/unternehmen/historie/unternehmen-und-marken/vorsprung-durch-technik.html [Zugriff 15.11.2016]

audi.com (2016b): Unternehmensstrategie, elektronisch veröffentlicht: URL:
http://www.audi.com/corporate/de/unternehmen/unternehmensstrategie.html [Zugriff 14.11.2016]

audi.de (2016): Audi eKurzinfo, elektronisch veröffentlicht: URL:
https://www.audi.de/de/brand/de/kundenbereich/apps/pool/audi-ekurzinfo.html [Zugriff 15.11.2016]

Audi: Geschäftsbericht 2015 (2016): tomorrow. now!, elektronisch veröffentlicht: URL: http://www.audi.com/content/dam/com/DE/investor-relations/financial_reports/annual-reports/audi-gb-2015.pdf [Zugriff 12.12.2016]

augmented-minds.com (2016): Was ist Augmented Reality?, elektronisch veröffentlicht: URL: http://www.augmented-minds.com/de/erweiterte-realitaet-anwendung/was-ist-augmented-reality [Zugriff 10.12.2016]

Becker, L. (2016): App Store vs. Google Play: Halbe Download-Zahlen bei doppeltem Umsatz, elektronisch veröffentlicht: URL:
https://www.heise.de/mac-and-i/meldung/App-Store-vs-Google-Play-Halbe-Download-Zahlen-bei-doppeltem-Umsatz-3273481.html [Stand 20.07.2016]

Beiersmann, S. (2016): Smartphones: Android steigert Marktanteil auf über 80 Prozent, elektronisch veröffentlicht: URL:
http://www.zdnet.de/88260454/smartphones-android-steigert-marktanteil-auf-ueber-80-prozent/ [Stand 19.02.2016]

bildungsklick.de (2014): Augmented Reality jetzt auch für die Schule, elektronisch veröffentlicht: URL: https://bildungsklick.de/schule/meldung/augmented-reality-jetzt-auch-fuer-die-schule/ [Stand 25.03.2014]

bitkom.org (2013): Das Handy als ständiger Begleiter, elektronisch veröffentlicht: URL: http://www.bitkom-research.de/Presse/Pressearchiv-2013/Das-Handy-als-staendiger-Begleiter [Stand 06.09.2013]

bitkom.org (2014): Jeder Dritte nutzt einen Tablet Computer, elektronisch veröffentlicht: URL: https://www.bitkom.org/Presse/Presseinformation/Jeder-Dritte-nutzt-einen-Tablet-Computer.html [Stand 24.08.2014]

bitkom.de (2015a): Digitalisierung verändert die gesamte Wirtschaft, elektronisch veröffentlicht: URL: https://www.bitkom.org/de/presse/8477_81806.aspx [Stand 22.05.2015]

bitkom.org (2015b): 44 Millionen Deutsche nutzen ein Smartphone, elektronisch veröffentlicht, URL: https://www.bitkom.org/de/presse/8477_81896.aspx [Stand 25.03.2015]

bmbf (2015): Ausgaben für Forschung und Entwicklung auf hohem Niveau, elektronisch veröffentlicht: URL: https://www.bmbf.de/de/ausgaben-fuer-forschung-und-entwicklung-auf-hohem-niveau-908.html, [Stand 23.01.2015]

Brandt, F. (2013): Audi nutzt Augmented Reality bei eKurzinfo App, elektronisch veröffentlicht: URL: http://www.mobilemarketingwelt.com/2013/08/13/audi-nutzt-augmented-reality-bei-ekurzinfo-app/ [Stand 13.08.2013]

Brandt, M. (2016): Zeitfresser Pokémon Go, elektronisch veröffentlicht: URL: https://de.statista.com/infografik/5236/nutzungsdauer-von-android-apps-in-den-usa/ [Stand 13.07.2016]

Buettner, R. (2013): Mobile Couponing News – McDonalds Deutschland setzt auf Apple's Passbook App, elektronisch veröffentlicht: URL: http://www.appmarketingagentur.de/mobile-couponing-news-mcdonalds-deutschland-setzt-auf-apples-passbook-app/ [Stand 03.06.2013]

Bundesnetzagentur Tätigkeitsbericht (2015): Tätigkeitsbericht Telekommunikation 2014/2015, elektronisch veröffentlicht: URL: https://www.bundesnetzagentur.de/SharedDocs/Downloads/DE/Allgemeines/Bundesnetzagentur/Publikationen/Berichte/2015/TB_TK_2015.pdf?__blob=publicationFile&v=3 [Zugriff 09.08.2016]

bvdw.org (2013): Mobile Werbeumsätze wachsen im ersten Halbjahr 2013 um 75,6 Prozent, elektronisch veröffentlicht: URL: http://www.bvdw.org/medien/bvdw-mobile-werbeumsaetze-wachsen-im-ersten-halbjahr-2013-um-756-prozent?media=5154 [Stand 18.09.2013]

BVDW-Report (2014): Faszination Mobile, Verbreitung, Nutzungsmuster und Trends, elektronisch veröffentlicht, URL: http://www.bvdw.org/presseserver/studie_faszination_mobile/BVDW_Faszination_Mobile_2014.pdf [Zugriff 06.12.2016]

bvdw.org (2015): OVK Online-Report 2015/01 Zahlen und Trends im Überblick, elektronisch veröffentlicht: URL: www.bvdw.org/mybvdw/media/download/report-ovk-report-2015-01.pdf?file=3472 [Stand 03.01.2015]

census.gov (2015): U.S. and World Population Clock, elektronisch veröffentlicht, URL: http://www.census.gov/popclock/ [Stand 22.05.2015]

computerbild.de (2013): IKEA-Prospekt mit Augmented-Reality-App, elektronisch veröffentlicht: URL: http://www.computerbild.de/artikel/cb-News-Bunt-gemischt-Katalog-Zukunft-IKEA-Prospekt-2013-mit-Augmented-Reality-7650697.html [Stand 31.08.2013]

computerbild.de (2016): Möbelkonzern: IKEA Katalog 2017 jetzt auch für Apple TV verfügbarhttp://www.computerbild.de/artikel/cb-News-App-Check-Ikea-Katalog-2017-Apple-TV-16499279.html [Stand 14.10.2016] crossretail.de (2013): IKEA erweitert Katalog mit Augmented Reality, elektronisch veröffentlicht: URL: http://crossretail.de/ikea-erweitert-katalog-mit-augmented-reality/ [Zugriff 13.12.2016]

deloitte.com (2016): Head Mounted Displays in deutschen Unternehmen. Ein Virtual, Augmented und Mixed Reality Check, elektronisch veröffentlicht: URL: https://www2.deloitte.com/de/de/pages/technology-media-and-telecommunications/articles/head-mounted-displays-in-deutschen-unternehmen.html [Zugriff 01.12.2016]

divsi.de (2016): DIVSI Internet-Milieus 2016: Die digitalisierte Gesellschaft in Bewegung, elektronisch veröffentlicht: URL: https://www.divsi.de/publikationen/studien/divsi-internet-milieus-2016-die-digitalisierte-gesellschaft-bewegung/4-die-divsi-internet-milieus-2016/4-3-vorstellung-der-einzelnen-divsi-internet-milieus/4-3-1-netz-enthusiasten-15-prozent/ [Stand 20.06.2016]

ec.europa.eu (2015): Mobile Gesundheitsversorgung: Potenzial der Mobile-Health-Dienste soll erschlossen werden, elektronisch veröffentlicht: URL: http://europa.eu/rapid/press-release_IP-14-394_de.htm [Stand10.04.2014]

einzelhandel.de (2016a): Online Umsatz steigt 2016 um elf Prozent, elektronisch veröffentlicht: URL: https://www.einzelhandel.de/index.php/presse/zahlenfaktengrafiken/item/110185-e-commerce-umsaetze [Zugriff 14.11.2016]

einzelhandel.de (2016b): Online Umsatz nach Sortiment, elektronisch veröffentlicht: URL: https://www.einzelhandel.de/index.php/presse/zahlenfaktengrafiken/item/124658-online-umsatz-nach-sortiment [Stand 14.08.2016]

faz.net (2014): Junge Menschen zieht es zu nachhaltigen Unternehmen, elektronisch veröffentlicht: URL: http://www.faz.net/aktuell/wirtschaft/wirtschaft-in-zahlen/wirtschaft-in-zahlen-italiener-wohnen-laenger-bei-den-eltern-13027651/junge-menschen-zieht-es-zu-13032301.html [Stand 07.07.2014] faz.net (2016): Pokémon-Hype sorgt für Wirbel am Aktienmarkt, elektronisch veröffentlicht: URL: http://www.faz.net/aktuell/wirtschaft/wirtschaft-in-zahlen/grafik-des-tages-pokemon-hype-sorgt-fuer-wirbel-am-aktienmarkt-14342410.html [Stand 15.07.2016]

foerderland.de (2014): Bernd Fuhlert über NSA-Spionage, persönliche Daten und betrieblichen Datenschutz, elektronisch veröffentlicht: URL: http://www.foerderland.de/gruendung/news-gruenderszene/artikel/bernd-fuhlert-ueber-nsa-spionage-persoenliche-daten-und-betrieblichen-datenschutz/ [Stand 01.09.2014]

Gennies, S. (2016): Pokémon Go zeigt, wie die Zukunft aussieht, elektronisch veröffentlicht: URL: http://www.tagesspiegel.de/weltspiegel/augmented-reality-pokemon-go-zeigt-wie-die-zukunft-aussieht/13882846.html%20(23.08.2016). [Stand 18.07.2016]

Gerstenlauer, E. M.(2016): Drachen sind gut fürs Geschäft, elektronisch veröffentlicht: URL: http://digitalpresent.tagesspiegel.de/drachen-sind-gut-fuers-geschaeft [Stand 18.07.2016]

googlewatchblog.de (2016): Google Play vs. Apple App Store: Statistiken und Zahlen rund um die beiden App Stores, elektronisch veröffentlicht: URL: https://www.googlewatchblog.de/2016/11/google-play-apple-app-2/ [Stand 02.11.2016]

Hellener, T. (2016): Mehr Nachhaltigkeit, mehr Geschäftserfolg, elektronisch veröffentlicht: URL: http://www.wallstreet-online.de/nachricht/8495547-sap-mehr-nachhaltigkeit-geschaeftserfolg [Stand 08.04.2016]

Henkel, P. (2013): Die virtuelle Verführung kennt keine Grenzen, elektronisch veröffentlicht: URL: http://www.handelsblatt.com/unternehmen/digitale-revolution-der-wirtschaft/augmented-reality-die-virtuelle-verfuehrung-kennt-keine-grenzen/7648860.html [Zugriff 02.08.2016]

hmr-international.de (2014): Die 3. Säule. Wirtschaftsfaktor Pay-TV: Die volkswirtschaftliche Bedeutung von Sky in Deutschland, elektronisch veröffentlicht: URL: http://hmr-international.de/wp-content/uploads/2016/06/Die-dritte-Saeule-Wirtschaftsfaktor-Pay-TV.pdf [Stand 04.03.2014]

Informationszentrum-Mobilfunk.de (2014a): Mobilfunk der ersten Generation. Vom Autotelefon zum tragbaren Mobiltelefon, elektronisch veröffentlicht: URL: http://informationszentrum-mobilfunk.de/mobilfunk-der-1-generation-1g#header [Zugriff 09.08.2016]

Informationszentrum-Mobilfunk.de (2014b): Mobilfunk der zweiten Generation (2G): GSM. Das digitale Mobilfunkzeitalter beginnt, elektronisch veröffentlicht: URL: http://informationszentrum-mobilfunk.de/mobilfunk-der-2-generation-2g-gsm#header [Zugriff 09.08.2016]

Informationszentrum-Mobilfunk.de (2014c): Mobilfunk der dritten Generation (3G): UMTS. Die breitbandtechnik revolutioniert den Mobilfunkmarkt, elektronisch veröffentlicht: URL: http://informationszentrum-mobilfunk.de/mobilfunk-der-3-generation-3g-umts#header [Zugriff 09.08.2016]

Jahn, T. (2016): Rupert Murdoch will Sky erwerben, Brexit sei Dank!, elektronisch veröffentlicht: URL: http://www.handelsblatt.com/unternehmen/it-medien/rupert-murdoch-will-sky-erwerben-brexit-sei-dank/14960732.html [Stand 10.12.2016]

Janowitz, K. (2015): Digitale Milieus, elektronisch veröffentlicht: URL: http://www.klaus-janowitz.de/wordpress/digitale-milieus/ [Stand 27.03.2015]

Klöckner, J. (2014): 17 Technologien, die bis 2020 aus unserem Alltag verschwinden werden, elektronisch veröffentlicht: URL: http://www.huffingtonpost.de/2014/03/20/dinge-die-aus-dem-alltag-verschwinden n 4999641.html [Stand 20.03.2014]

Kien, M. (2016): Telekommunikationstrends für 2017, elektronisch veröffentlicht: URL: http://www.funkschau.de/telekommunikation/artikel/136586/ [Stand 02.12.2016]

Knecht, N. (2016): Procter & Gamble (P&G): Ressourcenschonende Wertschöpfung ist eine der zentralen globalen Herausforderungen unserer Zeit, elektronisch veröffentlicht: URL: http://www.forum-csr.net/News/9888/ProcterGamblePG.html [Stand 18.07.2016]

Krämer, A. (2016): Die fünf wichtigsten Trends für Kundenbindung, elektronisch veröffentlicht: URL: http://www.e-commerce-magazin.de/die-fuenf-wichtigsten-trends-fuer-kundenbindung [Stand 18.10.2016]

kunst-im-oeffentlichen-raum-frankfurt.com (2016): Zum QR-Projekt Kunst im öffentlichen Raum Frankfurt, elektronisch veröffentlicht: URL: http://www.kunst-im-oeffentlichen-raum-frankfurt.de/de/page15.html [Zugriff 30.11.2016]

lifeverde.de (2016): Green Marketing - Im Interview Frauke Lehberger, Nachhaltigkeitsberaterin bei der sinnwerkstatt GmbH., elektronisch veröffentlicht: URL: https://www.lifeverde.de/nachhaltigkeitsmagazin/gruene-wirtschaft/themenreihe-green-marketing-im-interview-frauke-lehberger-von-der-sinnwerkstatt-gmbh [Stand 05.10.2016]

lte-anbieter.info (2016): Wie die mobile Datenübertragung laufen lernte - die Mobilfunk Geschichte vom A-Netz bis LTE, elektronisch veröffentlicht: URL: http://www.lte-anbieter.info/lte-geschichte.php [Zugriff 10.08.2016]

Maier, Astrid (2016): Warum die Tech-Milliardäre so verrückt nach künstlicher Realität sind, elektronisch veröffentlicht: URL: http://www.manager-magazin.de/unternehmen/karriere/mein-leben-im-silicon-valley-virtual-reality-a-1101215.html [Stand 05.07.2016]

Müller, M.-D. (2016): Kleine Monster lauern überall in OWL, elektronisch veröffentlicht: URL: http://www.westfalen-blatt.de/OWL/Lokales/Bielefeld/Bielefeld/2458355-Spaetestens-seit-dem-Deutschland-Start-von-Pokemon-Go-sind-dem-Spiel-auch-hier-viele-verfallen-Kleine-Monster-lauern-ueberall-in-OWL [Stand 13.07.2016]

Millward Brown (2016): BRANDZ 2016 – DIE TOP 100 DER WERTVOLLSTEN MARKEN DER WELT, elektronisch veröffentlicht: URL: https://millwardbrown.de/brandz_top100_2016/ [Stand 08.06.2016]

oeko.de (2016): Obsoleszenz: Politische Strategien für eine längere Nutzungsdauer von Produkten, elektronisch veröffentlicht: URL: https://www.oeko.de/presse/archiv-pressemeldungen/2016/obsoleszenz-politische-strategien-fuer-eine-laengere-nutzungsdauer-von-produkten/ [Stand 15.02.2016] onlinepc.ch (2016): Virtuelle Welten schaffen neue Geschäftsmodelle, elektronisch veröffentlicht: URL: http://www.onlinepc.ch/business/virtual-reality/virtuelle-welten-schaffen-neue-geschaeftsmodelle-1175345.html [Stand 02.12.2016]

pwc.de (2016): Die Digitalisierung verändert Unternehmen weltweit und branchenübergreifend, elektronisch veröffentlicht: URL: http://www.pwc.de/de/digitale-transformation/die-digitalisierung-veraendert-unternehmen-weltweit-und-branchenuebergreifend.html [Zugriff 14.11.2016]

questia.com (2010): The Next Generation, elektronisch veröffentlicht: URL: https://www.questia.com/magazine/1G1-240562384/the-next-generation [Stand 27.10.2010]

Ramisch, F. (2016): Das App-Ökosystem 2015: Weltweit 180 Mrd App-Downloads, 400.000 neue Apps, elektronisch veröffentlicht: URL: http://mobilbranche.de/2016/01/app-oekosystem-2015 [Stand 26.01.2016]

Rehmann, Nico (2016): Wie das digitale Business von Augmented Reality profitiert, elektronisch veröffentlicht: URL: http://www.computerwoche.de/a/wie-das-digitale-business-von-augmented-reality-profitiert,3224925 [Stand 17.03.2016]

Rentz, I.: (2015): Audi ist die beliebteste Automarke der Generation Y, elektronisch veröffentlicht: URL: http://www.horizont.net/marketing/nachrichten/Umfrage-Audi-ist-die-beliebteste-Automarke-der-Generation-Y-137898 [Stand 11.12.2015]

retailmenot (2016): E-Commerce 2016: 10 Milliarden-Wachstum prognostiziert – jeder dritte Euro kommt über Mobile, elektronisch veröffentlicht: URL: http://www.retailmenot.de/presse/ecommerce-2016 [Stand 23.02.2016]

Schart, D. (2013): AUGMENTED REALITY VERWANDELT SPORT IN EIN ERLEBNIS, elektronisch veröffentlicht: URL: https://www.wearear.de/football-is-coming-hoam-augmented-reality-verwandelt-sport-in-erlebnis/ [Stand 20.06.2013]

Scholz, H. (2015): Audi TT Broschüre mit Augmented Reality, elektronisch veröffentlicht: URL: https://www.mobile-zeitgeist.com/audi-tt-broschuere-mit-augmented-reality/ [Stand 22.05.2015]

Schröder, J. (2016): Die 50 meistgenutzten Android-Apps Deutschlands: „Pokémon Go" schon in der Top Ten, elektronisch veröffentlicht: URL: http://meedia.de/2016/08/11/die-50-meistgenutzten-android-apps-deutschlands-pokemon-go-schon-in-der-top-ten/ [Stand 11.08.2016]

Schulte-Bockum, J. (2015): Konjunktur und Trends in der Mobilkommunikation, elektronisch veröffentlicht: URL: http://www.bitkom-research.de/WebRoot/Store19/Shops/63742557/54EB/03B7/CDA2/0676/1DBA/C0A8/2BB9/EA63/BITKOM-Pressekonferenz_MWC_2015_final.pdf [Stand 23.02.2015]

simpublica (2014): LEGO 'Digital Box' to add another dimension to shopping, elektronisch veröffentlicht: URL. http://simpublica.com/2014/04/15/lego-digital-box-to-add-another-dimension-to-shopping/ [Stand15.04.2014]

sinus-institut.de (2016a): Profil, elektronisch veröffentlicht: URL: http://www.sinus-institut.de/ueber-uns/profil/ [Zugriff 10.12.2016]

sinus-institut.de (2016b): Die Sinus-Milieus®, elektronisch veröffentlicht: URL: http://www.sinus-institut.de/fileadmin/user_data/sinus-institut/Bilder/sinus-mileus-2015/2015-09-23_Sinus-Beitrag_b4p2015_slide.pdf [Zugriff 10.12.2016]

skopos.de (2014): QR-Codes haben sich etabliert, werden aber vielfach aus mangelndem Interesse nicht genutzt, elektronisch veröffentlicht: URL: https://www.skopos.de/news/qr-codes-haben-sich-etabliert-werden-aber-vielfach-aus-mangelndem-interesse-nicht-genutzt.html [Stand 07.07.2014]

skysportaustria.at (2016): Das Defensivverhalten der Austria in der Analyse, elektronisch veröffentlicht: URL: http://www.skysportaustria.at/bundesliga-at/das-defensivverhalten-der-austria-in-der-analyse/ [Stand 08.11.2016] spiegel.de (2015): Apple kauft deutsches Start-up Metaio, elektronisch veröffentlicht: URL: http://www.spiegel.de/wirtschaft/unternehmen/metaio-apple-kauft-deutsches-software-startup-a-1036131.html [Stand 29.05.2015]

statista.com (2014): In welchen Situationen wären Sie bereit, ihren Aufenthaltsort über ihr mobiles Endgerät zu verraten?, elektronisch veröffentlicht: URL: https://de.statista.com/statistik/daten/studie/288899/umfrage/bereitschaft-den-eigenen-standort-ueber-ein-mobiles-endgeraet-zu-verraten/ [Zugriff 02.12.2016]

statista.de (2016a): Anzahl der Personen in Deutschland, die die QR-Code-Funktion ihres Handys/Smartphones nutzen, nach Häufigkeit von 2013 bis 2016 (in Millionen), elektronisch veröffentlicht: URL: https://de.statista.com/statistik/daten/studie/290120/umfrage/umfrage-in-deutschland-zur-nutzung-der-qr-code-funktion-von-handy/ [Zugriff 28.11.2016]

statista.de (2016b): Anteil der Wirtschaftssektoren an der Bruttowertschöpfung* in Deutschland im Jahr 2015, elektronisch veröffentlicht: URL: https://de.statista.com/statistik/daten/studie/36846/umfrage/anteil-der-wirtschaftsbereiche-am-bruttoinlandsprodukt/ [Zugriff 20.11.2016]

statista.com (2016c): Umsatz von Amazon weltweit vom 1. Quartal 2007 bis zum 3. Quartal 2016 (in Milliarden US-Dollar), elektronisch veröffentlicht: URL: https://de.statista.com/statistik/daten/studie/197099/umfrage/nettoumsatz-von-amazoncom-quartalszahlen/ [Zugriff 14.11.2016]

statista.de (2016d): Anzahl der angebotenen Apps in den Top App-Stores im August 2016, elektronisch veröffentlicht: URL: https://de.statista.com/statistik/daten/studie/208599/umfrage/anzahl-der-apps-in-den-top-app-stores/ [Zugriff 09.12.2016]

statista.de (2016e): Prognose zu den Marktanteilen der Betriebssysteme am Absatz vom Smartphones weltweit in den Jahren 2016 und 2020, elektronisch veröffentlicht: URL: https://de.statista.com/statistik/daten/studie/182363/umfrage/prognostizierte-marktanteile-bei-smartphone-betriebssystemen/ [Zugriff 06.12.2016]

Studie deloitte (2016): Head Mounted Displays in deutschen Unternehmen. Ein Virtual, Augmented und Mixed Reality Check, elektronisch veröffentlicht: URL: https://www2.deloitte.com/content/dam/Deloitte/de/Documents/techn ology-media-telecommunications/Deloitte-Studie-Head-Mounted-Displays-in-deutschen-Unternehmen.pdf [Zugriff 03.12.2016]

Sztuka, A. (2016): Makro-Umweltanalyse (PEST-Analyse), elektronisch veröffentlicht: URL: http://www.manager-wiki.com/externe-analyse/19-makroumweltanalyse-pest-analyse [Zugriff 16.11.2016]

Telekom-Report (2015): Arbeit 4.0: Megatrends Digitaler Arbeit der Zukunft – 25 Thesen, elektronisch veröffentlicht: URL: https://www.telekom.com/resource/blob/314922/.../dl-150902-studie-st--gallen-data.pdf [Stand 07.12.2016]

test.de (2016), Handy und Smartphone, 343 Mobiltelefone im Test, die Betriebssysteme im Überblick, elektronisch veröffentlicht: URL: https://www.test.de/Handys-und-Smartphones-im-Test-4222793-4222876/ [Stand 23.11.2016]

Theobald, E. (2016): PESTEL – Analyse. Die wichtigsten Einflussfaktoren der Makroumwelt, elektronisch veröffentlicht: URL: https://www.management-monitor.de/de/infothek/whitepaper_pestel_Analyse.pdf [Zugriff 15.12.2016]

t-immersion.com (2016): How to experience Augmented Reality?, elektronisch veröffentlicht: URL: http://t-immersion.com/augmented-reality/what-augmented-reality [Zugriff 05.12.2016]

Tomczack T./Kruthoff K. (2003): Mobile Marketing: Anyhow, Anywhere, Anytime!?!, elektronisch veröffentlicht: URL: http://www.htp-sg.ch/data/publications/1285664177_Mobile%20Marketing%20(Persoe nlich%2003-04).pdf [Zugriff 07.12.2016]

virtual-reality-magazin.de (2016): Tiefbau: Augmented Reality für Aushubarbeiten, elektronisch veröffentlicht: URL: http://www.virtual-reality-magazin.de/tiefbau-augmented-reality-fuer-aushubarbeiten [Zugriff 30.11.2016]

Witte, J. (2015): Augmented Reality im OP, elektronisch veröffentlicht: URL: http://www.vdi-nachrichten.com/Technik-Wirtschaft/Augmented-Reality-im-OP [Stand 13.11.2015]

Wilke, J. (2012): Rechtliche Rahmenbedingungen der Medien, elektronisch veröffentlicht: URL: http://www.bpb.de/politik/grundfragen/deutsche-verhaeltnisse-eine-sozialkunde/139159/rechtliche-rahmenbedingungen [Stand 31.05.2016]

wiwo.de (2016): Pokémon Go. Fünf Lehren aus dem Erfolg des Spiels, elektronisch veröffentlicht: URL: http://www.wiwo.de/technologie/digitale-welt/pokemon-go-fuenf-lehren-aus-dem-erfolg-des-spiels/13904754.html [Zugriff 02.08.2016]

wpgs.de (2016a): 12. Wandel der Haushalte, elektronisch veröffentlicht: URL: http://www.wpgs.de/content/view/514/365/ [Zugriff 15.11.2016]

wpgs.de (2016b): 3. Trends der ökonomischen Umwelt, elektronisch veröffentlicht: URL: http://www.wpgs.de/content/view/504/365/ [Zugriff 15.11.2016]

# Anhang

## Anhang 1

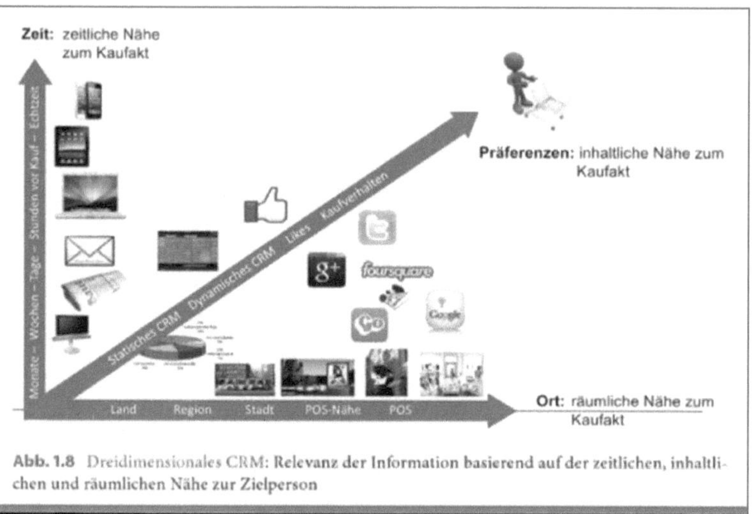


Abbildung 38 Dreidimensionales CRM: Relevanz der Information basier-end auf der zeitlichen, inhaltlichen und räumlichen Nähe zur Zielperson Quelle: Kreutzer (2014), S. 14

## Anhang 2

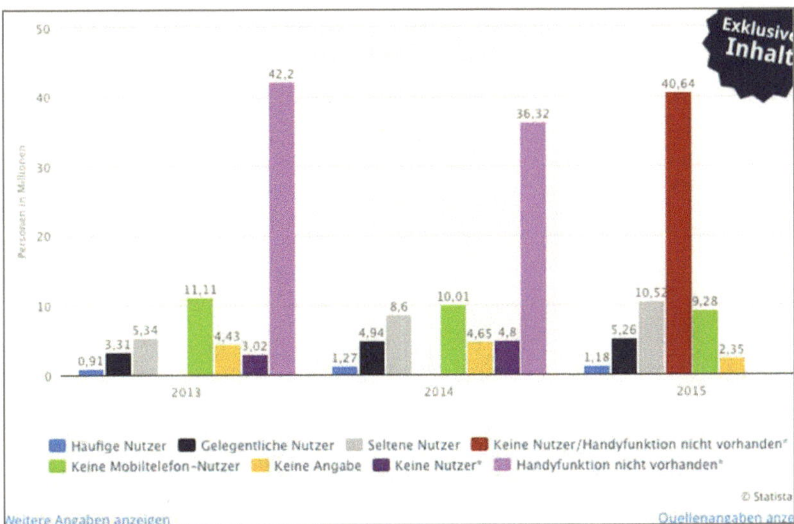


Abbildung 39 QR-Code-Nutzung in Deutschland 2013 bis 2016 Quelle: statista.com (2016a), [Zugriff 28.11.2016]

## Anhang 3

### Instrumente des Relationship Marketing in Phasen des Kundenlebenszyklus

| | Phasen/Merkmale | Aufgaben | Leistung | Kommunikation | Preis | Distribution |
|---|---|---|---|---|---|---|
| **Kundenakquisition** | **Anbahnung** | - Überzeugung<br>- Stimulierung | - Qualitätsgarantien<br>- After Sales Service<br>- Leistungstests<br>- Leistungsstandardisierung<br>- Leistungsbündelung<br>- Individualisierungspotential | - Leistungsbezogene Kommunikation<br>- Nicht leistungsbezogene Kommunikation<br>- Direkte Empfehlungssteuerung<br>- PR<br>- Förderung der Kommunikation zwischen Kunden<br>- Direct Mailings | - Preis als Qualitätsindikator<br>- Sonderangebote<br>- Preistransparenz<br>- Rabatte | - Standortwahl |
| | **Sozialisation** | - Eingewöhnung | - Gleichbleibende Mitarbeiter im Kundenkontakt | - Kundenschulung<br>- Servicenummern<br>- Events | - Gleichbleibende Preise | - Gleichbleibende Distribution |
| **Kundenbindung** | **Wachstum** | - Individualisierung<br>- Cross Selling | - Kundenintegration<br>- Value Added Services<br>- Programmerweiterung | - Kundenzeitschriften<br>- Kundenclub<br>- Kundenworkshops | - Preisdifferenzierung<br>- Nutzenorientierte Preisgestaltung<br>- Preisbündelung<br>- Kundenkarte mit Rabattfunktion | - Flexible Distributionssysteme<br>- Distributionsindividualisierung |
| | **Reife** | - Wechselbarrieren<br>- Effizienzsteigerung | - Leistungsbündelung<br>- Leistungsstandardisierung | - Exklusivkommunikation<br>- Onlinekommunikation | - Kundenkarte mit Rabattfunktion<br>- Ausschöpfung der Preisgestaltung | - Distributionsvielfalt<br>- Distributionsstandardisierung |
| **Kundenrückgewinnung** | **Gefährdung** | - Fehlerkorrektur<br>- Wiedergutmachung | - Leistungsnachbesserung<br>- Ersatzleistung | - Kundenschulung<br>- Geschenke | - Preisnachlässe | - Distributionsverbesserung<br>- Distributionsgeschenke |
| | **Auflösung**<br><br>**Abstinenz** | - Überzeugung (Schaffung eines Mehrwerts)<br>- Stimulierung (Rückgewinnungsangebote) | - Leistungsindividualisierung<br>- Übernahme von Abwicklungsformalitäten | - Exklusivkommunikation<br>- Individualkommunikation | - Preisnachlass<br>- Barzahlung | - Distributionsindividualisierung<br>- Rückerstattung von Distributionskosten |

Abbildung 40 Phasen des Kundenlebenszyklusses Quelle: Auer (2004), S. 24

## Anhang 4

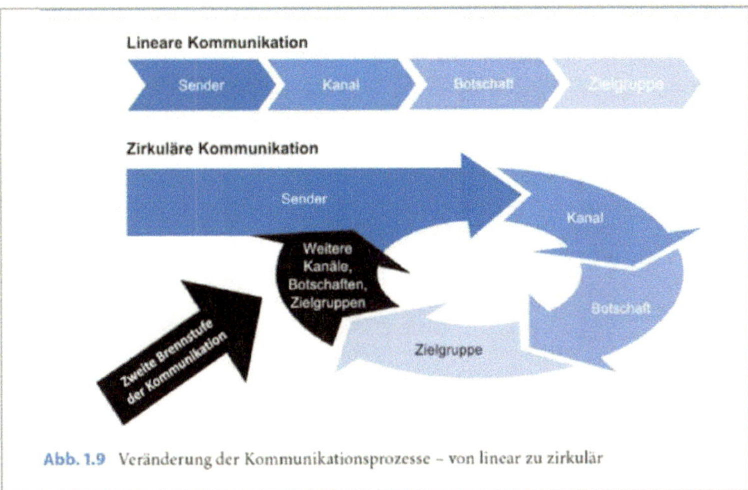


Abbildung 41 Veränderung der Kommunikationsprozesse – von linear zu zirkulär Quelle: Kreutzer (2014), S. 17

## Anhang 5

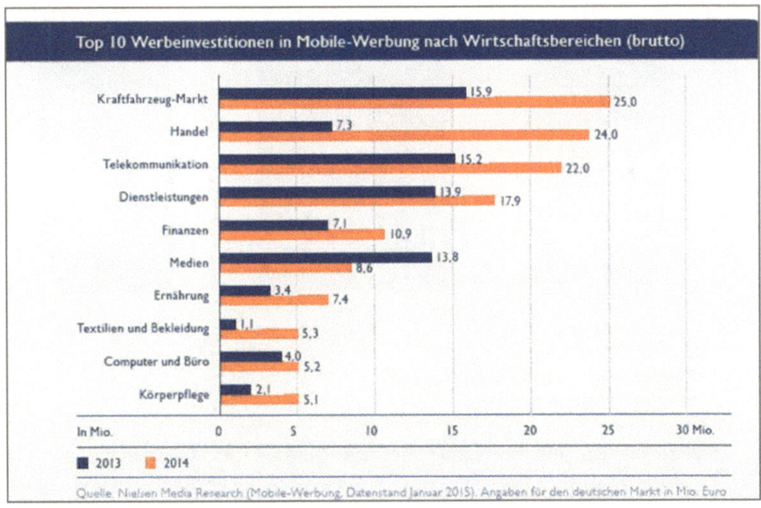


Abbildung 42 Top 10 Werbeinvestitionen in Mobile-Werbung nach Wirtschaftsbereichen (brutto) Quelle: www.bvdw.org (2015), [Stand 03.01.2015], S. 16

## Anhang 6

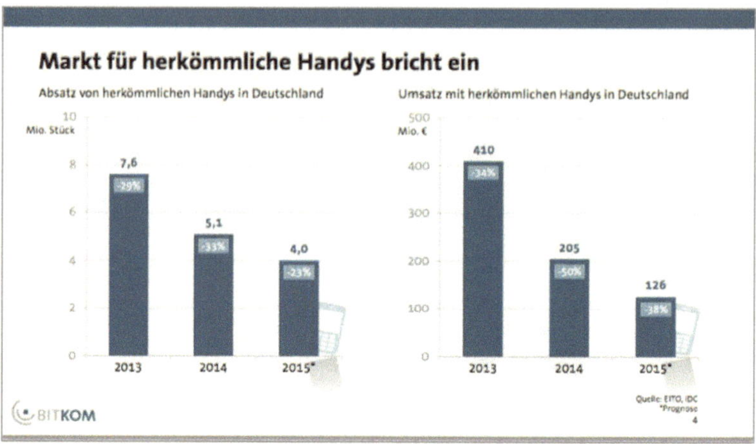


Abbildung 43 Markt für herkömmliche Handys bricht ein Schulte-Bockum (2015), [Stand 23.02.2015]

## Anhang 7

Abbildung 44 Beispiele für mobile Endgeräte Quelle: Eigene Darstellung

## Anhang 8

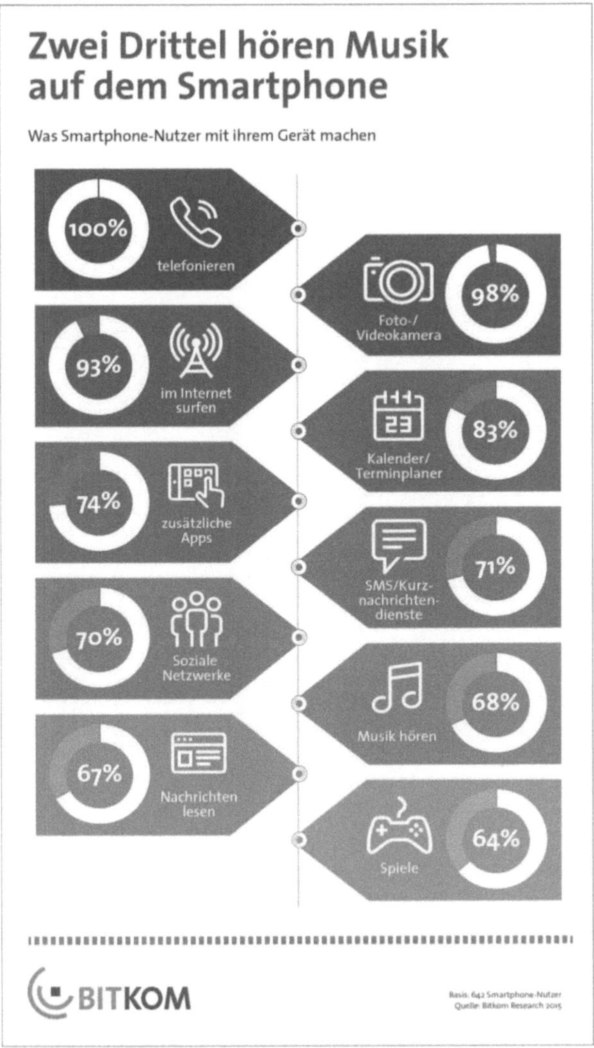


Abbildung 45 Zwei Drittel hören Musik auf dem Smartphone Quelle: Bitkom.org (2015), [Stand 25.03.2015]

**Anhang 9**

| Smartphonemarkt im vierten Quartal 2015 laut Garnter (in Millionen Stück) | | | | |
|---|---|---|---|---|
| Anbieter/ Betriebssystem | Verkaufszahlen 4. Quartal 2015 | Marktanteil | Verkaufszahlen 4. Quartal 2014 | Marktanteil |
| Google/Android | 325,4 | 80,7 % | 279,1 | 76,0 % |
| Apple/iOS | 71,5 | 17,7 % | 74,8 | 20,4 % |
| Microsoft/Windows | 4,4 | 1,1 % | 10,4 | 2,8 % |
| Blackberry | 0,91 | 0,2 % | 1,7 | 0,5 % |
| Andere | 0,89 | 0,2 % | 1,3 | 0,4 % |
| Gesamt | 403,1 | 100,0 % | 367,3 | 100,0 % |

Abbildung 46 Anbieter von Betriebssystemen für Smartphones Quelle: Beiersmann (2016), [Stand 19.02.2016]

## Anhang 10

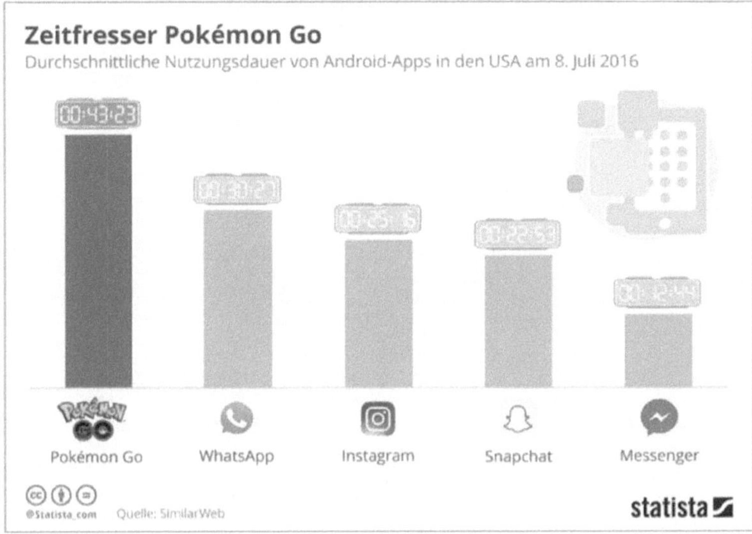


Abbildung 47 Zeitfresser Pokémon Go Quelle: Brandt (2016), [Stand 13.07.2016]

## Anhang 11

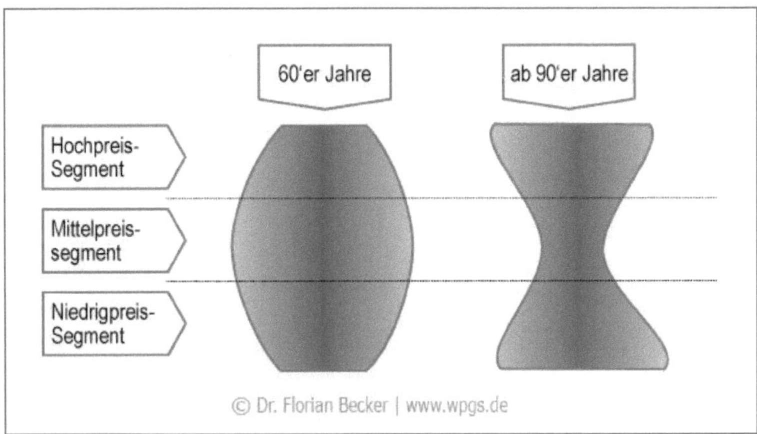


Abbildung 48 Stundenglaseffekt Quelle: wpgs.de (2016b), [Zugriff 15.11.2016]

## Anhang 12

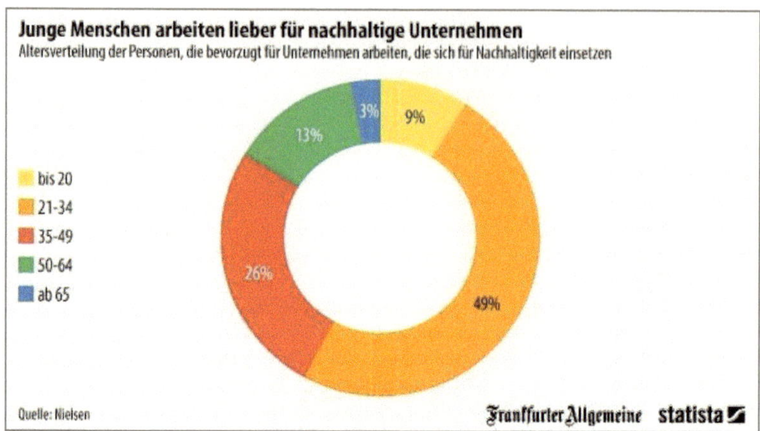


Abbildung 49 Junge Menschen arbeiten lieber für nachhaltige Unternehmen Quelle: faz.net (2014), [Stand 07.07.2014]

# Anhang 13

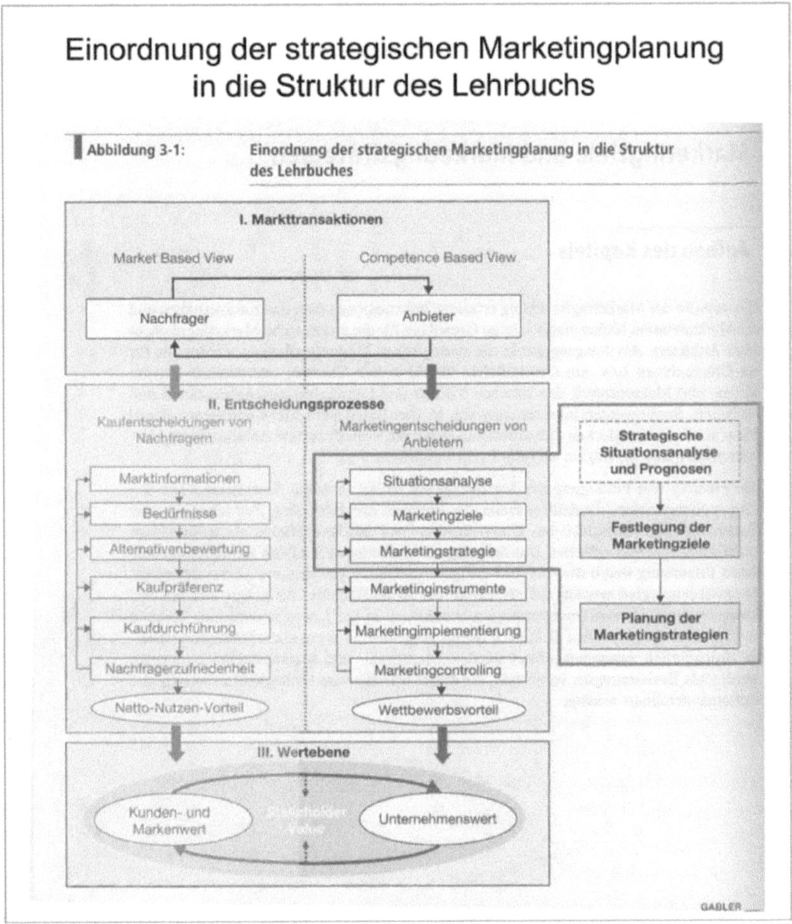


Abbildung 50 Einordnung der strategischen Marketingplanung in die Struktur des Lehrbuchs Quelle: Eigene Darstellung in Anlehnung an Meffert u.a. (2012), S. 234

## Anhang 14

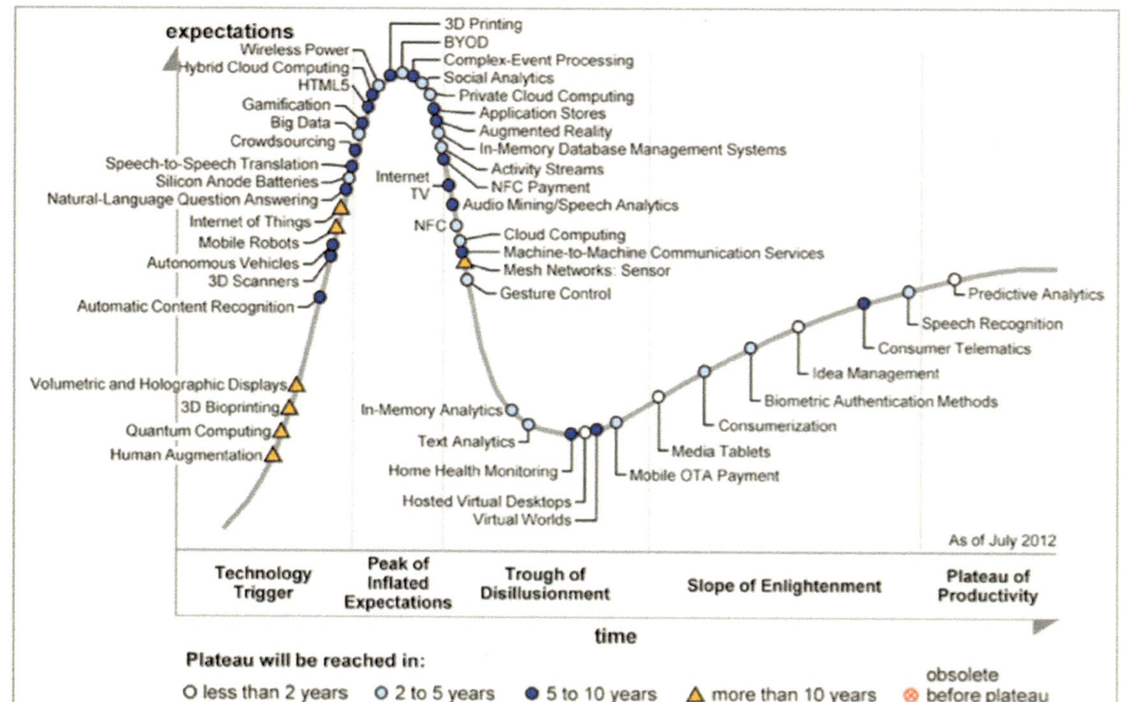


Abbildung 51 Gartner´s Hype Cycle für neue Technologien Quelle: Kreutzer (2014), S. 21